SOURCES ET MONUMENTS

DU

DROIT FRANÇAIS

ANTÉRIEURS AU QUINZIÈME SIÈCLE

OU

BIBLIOTHÈQUE

DE L'HISTOIRE DU DROIT CIVIL FRANÇAIS

DEPUIS LES PREMIÈRES ORIGINES

JUSQU'A LA RÉDACTION OFFICIELLE DES COUTUMES

PAR

LOUIS J. KOENIGSWARTER

Docteur en droit,
Membre correspondant de l'Institut (Acad. des sciences moral. et polit.)
et de l'Académie de législation de Toulouse,
Membre de la Société impériale des antiquaires de France,
Chevalier de la Légion-d'Honneur.

PARIS

AUG. DURAND, LIBRAIRE, RUE DES GRÈS, 5;
Vᵛᵉ JOUBERT, LIBRAIRE, RUE DES GRÈS, 14;
FRANCK, LIBRAIRE, RUE RICHELIEU, 67.

—

1853

SOURCES ET MONUMENTS

DU DROIT FRANÇAIS

ANTÉRIEURS AU QUINZIÈME SIÈCLE.

5374

TYPOGRAPHIE HENNUYER, RUE DU BOULEVARD, 7. BATIGNOLLES.
Boulevard extérieur de Paris.

SOURCES ET MONUMENTS

DU

DROIT FRANÇAIS

ANTÉRIEURS AU QUINZIÈME SIÈCLE

OU

BIBLIOTHÈQUE

DE L'HISTOIRE DU DROIT CIVIL FRANÇAIS

DEPUIS LES PREMIÈRES ORIGINES

JUSQU'A LA RÉDACTION OFFICIELLE DES COUTUMES

PAR

LOUIS J. KOENIGSWARTER

Docteur en droit,
Membre correspondant de l'Institut (Acad. des sciences moral. et polit.)
et de l'Académie de législation de Toulouse,
Membre de la Société impériale des antiquaires de France,
Chevalier de la Légion-d'Honneur.

PARIS

AUG. DURAND, LIBRAIRE, RUE DES GRÈS, 5;

Vᵛᵉ JOUBERT, LIBRAIRE, RUE DES GRÈS, 14;

FRANCK, LIBRAIRE, RUE RICHELIEU, 67.

—

1853

LETTRE

DE

M. DUPIN A L'AUTEUR.

———

Monsieur,

J'approuve tout à fait l'idée que vous avez eue d'indiquer dans un travail *spécial* « les sources et monuments du droit français antérieurs au quinzième siècle. »—Réimprimer tous ces monuments, comme l'avaient proposé de

doctes jurisconsultes, c'eût été une œuvre immense; elle eût dépassé les forces des éditeurs
et les besoins actuels.— Mais, s'il n'est pas généralement nécessaire à la plupart des jurisconsultes de posséder en propre ces vénérables
monuments; si leurs bibliothèques sont naturel-
lement restreintes aux livres indispensables pour
les études courantes et pour les affaires; il n'en
est que plus utile de posséder un ouvrage bibliographique qui contienne une indication de
ces *sources* avec assez de précision pour les faire
connaître et donner le moyen d'y recourir au
besoin. C'est répondre à cette pensée de Sénè-
que : *Etiam quod discere supervacuum est, id
prodest cognoscere.*

C'est l'avantage que les hommes d'étude ti-
reront de votre travail bibliographique sur l'ar-
chéologie du droit français.

La *Bibliothèque de droit* de Camus, fort éten-

due en ce qui concerne *les coutumes*, est au
contraire fort sobre d'indications pour ce qui
est *antérieur à leur rédaction*, c'est-à-dire pour
ce qui a constitué le droit du moyen âge. Il est
très-vrai qu'on ne s'y est point préoccupé des origines *celtiques* ni du droit *scandinave* au point
de vue de *l'histoire* du droit français et de ses
origines;... on s'est borné à indiquer quelques-
uns des plus anciens ouvrages de cette espèce
dans les sections relatives au droit anglo-saxon,
et à celui de la Suède, du Danemarck et de la
Norwège. C'est tout ce qu'il était possible de
aire dans une bibliographie, non pas *universelle*, mais *choisie*, et par conséquent *restreinte*
à ce qui avait le plus généralement besoin d'être
connu et indiqué à la magistrature et au barreau.

Dans les nouvelles éditions de cette bibliographie, que j'ai données en 1818 et 1832, j'ai indiqué quelques ouvrages de plus sur cette partie

de la science ; mais je dois le dire aussi, à ces
dernières dates la science des *origines du droit*
était peu cultivée. On aurait vainement cherché
quelques-uns des ouvrages y relatifs dans la bibliothèque des avocats qui tenaient alors la tête
du barreau : — un grand nombre d'entre eux
s'étaient formés par la pratique bien plus que
par l'étude scientifique du droit, la plupart
ayant commencé leur état dans l'intervalle entre
la suppression des Ecoles de droit en 1790,
et leur rétablissement en 1804. — Les *notices
historiques, critiques et bibliographiques* que j'ai
ajoutées à l'édition de 1832, *sur quelques ouvrages de droit remarquables par leur antiquité
ou leur originalité*, parurent au milieu du Palais
comme une nouveauté, une sorte de révé-
lation !

Mais si le Barreau n'était point encore entré
dans cette voie, la nouvelle école ne tarda pas

à fournir des ouvriers courageux à la tête desquels je placerai les jeunes et savants rédacteurs de la *Thémis* (Athanase Jourdan, Millelot, etc.), dont le Recueil commença à paraître en 1820, et qui établirent un docte échange de communications entre l'école germanique et l'école française.

C'est depuis ce temps, vous en faites vousmême la remarque dans votre *Introduction*, qu'ont paru la plupart des ouvrages qui ont remis en honneur et en lumière l'étude spéciale des *antiquités* et des *origines du droit* : il n'était donc pas possible de les indiquer auparavant.

Si l'Allemagne avait eu ses Savigny, ses Haubold, ses Niebuhr; la France a eu depuis Klimrath, Laboulaye, Giraud, Laferrière, Ortolan; chacune de nos Ecoles de droit a fourni de laborieux professeurs : la bibliographie s'est

a.

enrichie de leurs ouvrages, et vous pouvez en ce moment offrir à vos lecteurs quelque chose de plus complet.

C'est d'ailleurs une suite de vos travaux antérieurs sur les origines du droit français, et nul n'était mieux appelé par ses précédents à donner à ces recherches l'ensemble d'indications qui avaient manqué jusqu'ici.

A ce point de vue, je reconnais, Monsieur, toute l'utilité de votre travail. Aux sources déjà connues de tous les bibliographes qui vous ont précédé, vous en avez ajouté beaucoup d'autres; grâce à vous, la bibliographie apparaîtra plus complète, la science sera tenue au courant, et je me plais à confesser que votre Recueil devient, en ce point, le complément indispensable de ma dernière édition de la *Bibliothèque de Droit* de Camus.

Recevez, je vous prie, Monsieur, l'assurance de mes sentiments de parfaite estime et d'attachement.

DUPIN,
Membre de l'Institut.

Paris, ce 5 mars 1853.

INTRODUCTION.

Il y a aujourd'hui une douzaine d'années que nous signalions, dans la *Revue de législation et de jurisprudence*, l'état d'oubli et de désordre dans lequel se trouvaient alors les antiques monuments de notre législation, antérieurs à la rédaction officielle des coutumes.

Déjà Klimrath [1] et M. Laferrière [2] avaient fait entendre des plaintes analogues, et c'était à l'occasion d'un projet conçu par le savant auteur de l'*Histoire du droit français* de réimprimer dans une collection spéciale les monuments relatifs à l'histoire du droit français, que nous avions essayé de composer un cadre qui embrassât tous les monuments, sources et textes, publiés jusqu'à ce jour et antérieurs à la rédaction officielle des coutumes de France.

---

[1] *Mémoire sur les monuments inédits de l'histoire du droit français au moyen âge*. Paris et Strasbourg, 1835. (Vol. II des OEuvres, édit. Warnkœnig.)

[2] *Mémoire sur un projet de collection des monuments relatifs à l'histoire du droit civil français*. Rennes, 1840. Ce mémoire a été inséré dans la *Revue Bretonne*, t. I, p. 35-54, et dans la *Revue de législation et de jurisprudence*, t. XII, p. 224-238.

Si, à cette époque, nous nous sommes opposé à l'exécution de ce projet, non-seulement à cause des frais énormes qu'il aurait exigés, mais surtout parce qu'une grande partie des textes qu'il s'agissait de faire réimprimer se trouvaient déjà édités par les soins d'érudits français ou étrangers; il est certain qu'aujourd'hui l'utilité d'une telle œuvre est devenue encore plus douteuse, à cause des importants et nombreux travaux qui ont été publiés dans l'intervalle. En effet, depuis cette époque, jurisconsultes et historiens ont fouillé avec ardeur dans ce champ délaissé. Des monuments ignorés ont été découverts, d'anciennes sources mal connues ont été réédités sur de nouveaux textes, d'importantes collections spéciales ont été entreprises, dont les unes sont aujourd'hui achevées, les autres en cours de publication.

Il y avait encore d'autres objections que nous fîmes à M. Laferrière : « La proposition de faire des extraits, disions-nous, comme l'auteur le veut pour la loi des Visigoths, pour la collection des anciens conciles des Gaules du P. Sirmond, pour les recueils des formules, pour les Capitulaires, pour les coutumes galloises et anglo-normandes, nous paraît inadmissible. Non-seulement, en donnant des fragments, on risque de ne pas faire comprendre l'esprit général d'une coutume, d'une législation, ou d'une époque entière, mais encore le choix des fragments reste trop abandonné à l'arbitraire de celui qui est chargé de faire les extraits.

« Enfin, au lieu de réimprimer les anciens textes des Chantereau-le-Fèvre, des Brussel, des Galland, des Caseneuve, des Furgole, des Hervé et autres, nous préférerions des dissertations et ouvrages d'une époque plus récente, se basant sur ces anciennes autorités, mais dégagés des préjugés d'autres siècles, et dotés de toutes les lumières que les progrès de la science ont pu dévoiler. »

Toutefois, si la réimpression d'une collection telle que la proposait M. Laferrière nous paraissait d'une utilité douteuse, nous convînmes, en même temps, que son travail avait une valeur incontestable comme table bibliographique ou recueil des sources anciennes de notre droit national. Cependant, sous ce point de vue encore, nous fîmes les observations suivantes :

1° Que les sources, textes et monuments devaient être classés en groupes distincts, selon les éléments divers auxquels ils appartenaient ;

2° Que les textes qui ont eu force de loi en France se trouvaient mêlés à d'autres qui, tout en servant à expliquer un élément absorbé par un autre ou à faire comprendre des institutions dont le caractère primitif s'est effacé dans notre droit, ne sont cependant que des monuments d'une législation étrangère ;

3° Que l'auteur n'avait pas assez mis en relief l'importance des sources de l'élément germanique, quoique dans ce Mémoire il lui reconnût déjà une part plus grande que dans ses ouvrages antérieurs [1] ;

4° Qu'il y avait une lacune importante, en ce que les antiques sources et monuments du droit scandinave étaient entièrement omis. Or, c'est à l'étude de l'histoire des anti-

---

[1] Notamment dans son *Histoire du droit français*, Paris, Joubert, 1838, 2 vol. in-8°. Le savant auteur de l'*Histoire du droit civil de Rome et du droit français*, Paris, Joubert, 1846-53, 4 vol. in-8°, a rendu à l'élément germanique la juste part qui lui revient dans la formation de notre droit national. Voir le tome II, qui traite spécialement du droit germanique.

quités et du droit de ces peuples du nord de l'Europe que
la science remonte aujourd'hui pour avoir le dernier mot
sur ces races nouvelles qui inondèrent l'Europe ancienne,
et fondèrent l'Europe moderne sur les débris de l'empire
romain.

En effet, si l'assertion de quelques érudits, que la race
scandinave n'est autre que la race germanique dans sa
pureté primitive, pèche peut-être par trop d'absolu, il est
un point sur lequel les savants du nord de l'Europe sont
d'accord à l'heure qu'il est, c'est l'abondante lumière qui
jaillit de l'étude des mythes, de l'histoire, des mœurs, de
la religion, des coutumes et des lois scandinaves, sur les
antiquités de la Germanie, ainsi que la similitude incontestable qui existe entre la religion, les mœurs et les lois
de ces deux races.

Les anciennes coutumes et lois scandinaves ont pour
celui qui étudie les antiquités du droit européen des avan-
tages réels, que n'offrent pas les premières coutumes
écrites de la race germanique. D'abord, les monuments
scandinaves ont été rédigés et conservés dans leur idiome
national, tandis que toutes les premières lois de la race
germanique, à l'exception des lois anglo-saxonnes, ne nous
sont parvenues qu'en langue latine. On comprend aisé-
ment que les anciens coutumiers scandinaves ont, par conséquent, mieux gardé leur type original, et que l'authen-
ticité de leurs textes est moins douteuse que celle des
coutumes germaniques, vulgairement appelées *Lois barbares (leges Barbarorum)*, rédigées dans une langue étrangère, et qui révèlent à chaque page l'influence du clergé,
composé en grande partie d'hommes issus des races subju-
guées par la conquête.

D'un autre côté, il est juste d'avouer que les sources

scandinaves payent cet avantage par un grand inconvé-
nient : c'est que, rédigées dans des idiomes peu connus
du reste de l'Europe, elles ne sont abordables que pour un
nombre très-restreint de jurisconsultes, tandis que les lois
de la race germanique, écrites dans la langue commune
du monde savant, ont donné lieu à de nombreuses recherches et à de solides travaux de la part des érudits de
tous les pays.

Cependant les anciennes coutumes scandinaves sont encore préférables à celles des nations germaniques, par le
développement de leur style, par le plus grand nombre
de points de la vie publique et privée qu'elles embrassent,
ainsi que par la meilleure distribution des matières. Car,
si nous exceptons les lois des Visigoths et celles des Anglo-
Saxons, le reste des lois germaniques fait une triste figure
à côté des coutumes scandinaves.

Enfin, plusieurs institutions importantes de l'antiquité
des Germains, telles que la vengeance privée, la partici-
pation de la famille au *wergeld*, la mise hors la loi du cri-
minel, qui n'apparaissent que mutilées et à peine recon-
naissables dans les plus anciennes coutumes germaniques,
ont reçu tout leur développement et ont gardé toute leur
énergie primitive dans les coutumes du Nord. La principale
raison est que l'élément romain et l'élément chrétien, qui
sont déjà manifestement visibles dans les premières rédactions des coutumes germaniques, n'ont point ôté à l'antiquité scandinave sa nature primitive ni sa couleur origi-
nelle ; car l'élément romain est resté à tout jamais étranger
au développement du droit de ces pays septentrionaux,
et quant au christianisme, il n'est parvenu à s'établir dans
la Scandinavie que bien des siècles après qu'il eut converti
les peuples germaniques du centre de l'Europe.

Par toutes ces considérations, nous avons pensé qu'une place distincte devait être consacrée aux sources antiques du droit scandinave.

Le travail que nous avons publié dans le temps dans la *Revue de législation et de jurisprudence*, et qui n'était destiné qu'à être un premier cadre nécessairement défectueux, n'a jamais été imprimé séparément, n'ayant été qu'un accessoire de nos *Etudes historiques sur le droit civil français*, qui avaient paru successivement dans le même recueil[1], et destinées à mettre en relief l'importance de l'élément germanique dans la formation de notre droit national.

Depuis cette publication, qui remonte à près de douze années, nous avons tenu note de tous les travaux qui ont paru, dans l'intervalle, sur les sources de notre ancien droit, tant en France qu'à l'étranger; et, en augmentant notre ancien travail de tout ce que la science avait produit de neuf et d'utile, en rectifiant tout ce qui avait été éclairé d'un rayon nouveau, en remaniant le tout d'après un classement plus sévère, nous sommes arrivé à composer cet opuscule, qui doit nécessairement présenter des lacunes, mais qui, nous aimons à le croire, offre un tableau utile, un guide indispensable à tous ceux qui veulent étudier sérieusement les origines de notre droit privé.

Nous avons pensé que la publication de ce travail remplirait une lacune très-essentielle et très-sensible, et qu'il pourrait servir de *Bibliothèque spéciale* à ceux qui se vouent à l'étude sérieuse et approfondie de l'histoire et du développement de notre ancien droit, depuis les premières

[1] *Revue de législation*, XIV, p. 30; XVI, p. 157 et 321; XVII, p. 393; XIX, p. 321 et 513.

origines jusqu'à la rédaction officielle des coutumes. D'autant plus que la *Bibliothèque des livres de droit* de Camus, augmentée par M. Dupin aîné [1], offre sous ce rapport une lacune très-importante quoique inévitable, attendu que la cinquième et dernière édition de ce livre, indispensable à tout jurisconsulte, est de 1832, et que la majeure partie des sources rééditées et des ouvrages nouveaux, qui font l'objet de notre travail, ont vu le jour pendant les vingt dernières années.

Toutes ces causes nous amènent à publier aujourd'hui le résultat de nos longues et pénibles recherches sous le titre de :

Sources et monuments du droit français, antérieurs au quinzième siècle,

ou

Bibliothèque de l'histoire du droit civil français, depuis les premières origines jusqu'à la rédaction officielle des coutumes.

Nous avons fait tous nos efforts pour mettre notre *Bibliothèque* au niveau des progrès que la science a faits jusqu'à ce jour, en n'épargnant aucune peine pour pouvoir signaler les meilleures éditions des anciens textes, indiquer les travaux remarquables de la France et de l'étranger, qui résument le dernier état de la science, et rassembler toutes les notions bibliographiques qui ne se trouvent réunies nulle part ailleurs.

Un mot sur la division de notre travail.

---

[1] Cette *Bibliothèque* forme le second volume de *la Profession d'avocat*, dernière édit. Paris, Alex. Gobelet et B. Warée aîné, 1832, 2 vol. in-8°.

Notre *Bibliothèque* est divisée en quatre parties. La première est consacrée aux ouvrages généraux qui ont pour sujet l'histoire du droit français.

Quoique notre cadre n'embrasse que le droit civil, nous avons été pour ainsi dire forcément amené à indiquer quelques ouvrages importants traitant du droit public, car le droit public, à certaines époques de notre histoire, a été mêlé au droit privé; et, pour qui veut comprendre la législation civile de nos aïeux, il s'agit avant tout d'étudier des faits aussi considérables que la condition des terres, la classification des personnes, le régime féodal, ou l'émancipation des communes.

La deuxième partie comprend les sources de notre ancien droit, depuis les premières origines jusqu'à l'établissement définitif des peuples germaniques dans les Gaules. L'élément celte, l'élément romain et l'élément barbare, c'est-à-dire scandinave et germanique, partagent cette partie en trois chapitres distincts.

La troisième partie indique les sources du droit germanique transplanté dans les Gaules, et les autres éléments qui se sont développés sur le sol de la France, pendant le règne des Mérovingiens et des Carlovingiens. Cette partie, que nous avons appelée l'Epoque franque, comprend quatre chapitres consacrés aux sources romaines, germaniques, canoniques, et à un quatrième élément, que nous avons appelé Elément mixte.

La quatrième partie est consacrée au développement du droit français proprement dit; elle comprend l'époque coutumière, depuis la première formation du droit français proprement dit jusqu'à la rédaction officielle des coutumes. Dans cette dernière partie, il n'était plus possible

de classer par éléments distincts. La fusion venait de s'o-
pérer; les éléments romain et germanique, mariés par la
puissante influence de l'Église et à l'aide de l'élément canonique, commencent, vers la fin du dixième siècle, à former les premiers rudiments d'un droit nouveau, sur lequel
les lois romaines et canoniques ne cessent pas cependant
de planer comme des droits subsidiaires. C'est donc à
d'autres considérations qu'est empruntée la division de
cette quatrième partie, qui contient en cinq chapitres différents : 1° les monuments étrangers du droit coutumier
français; 2° les collections des cartulaires, chartes d'affran-
chissement et statuts locaux; 3° les coutumiers et les recueils d'arrêts, connus sous les noms d'*Etablissements*, d'*Assises*, d'*Olim*, généralement dus à la plume de quelque
jurisconsulte célèbre dans sa province; 4° les livres des anciens praticiens, ayant un caractère plus général et ne pou-
vant être classés sous la rubrique d'une simple coutume de
province, quoique ces travaux remaniés aient souvent
servi, par la substitution d'un nom de pays à un autre, à
faire le fond sur lequel se sont élevées les coutumes provinciales; enfin, 5° les Ordonnances des rois de France, faisant
suite aux Capitulaires des rois des deux premières races, et
formant, à partir de leur première apparition jusqu'à la fin
de la monarchie absolue, une branche très-importante de
la législation française.

Notre *Bibliothèque* s'arrête, conformément à l'idée générale de notre livre, à la rédaction officielle des coutumes.
La variété et l'incertitude du droit étaient devenues tellement intolérables vers le milieu du quinzième siècle, que
l'un des premiers actes de Charles VII, après l'expulsion des
Anglais, fut de prescrire, par l'art. 125 de l'ordonnance de
Montil-les-Tours (1453), la rédaction par écrit des coutumes

du royaume. Commencé à cette époque [1], cet immense travail ne fut terminé que sous Charles IX. Néanmoins, ces rédactions furent assez obscures et assez incomplètes pour rendre, au seizième siècle, un nouveau travail indispensable ; un grand nombre de provinces et de localités eurent alors leur coutume réformée.

Dès le commencement du seizième siècle on essaya de réunir dans un recueil les coutumes générales et particulières ayant obtenu la sanction authentique du pouvoir souverain. Un *Coutumier général*, fort incomplet, comme tout premier essai, fut imprimé à Paris, in-fol., en 1517 ; d'autres éditions parurent successivement en 1519, 1540, 1548.

Une nouvelle et meilleure collection parut sous le titre de : *Coutumes générales et particulières du royaume de France et des Gaules*. Paris, 1567, 1581, 1604, 1635, 1664, 2 vol. in-fol. Enfin le recueil le plus vaste et le plus complet des coutumes officiellement rédigées est le *Coutumier général de Bourdot de Richebourg*. Paris, 1724, 8 tom. in-fol. [2].

C'est à l'époque de cette rédaction officielle des cou-

---

[1] Cependant une période d'à peu près quarante ans s'écoula entre l'ordonnance de Montil-les-Tours (1453) et les premières rédactions authentiques (1495 et suiv.), qui furent celles des coutumes de Ponthieu, de Chaumont, de Melun, de Troyes, de Sens, du Boulenois et d'Amiens. — Le duché et le comté de Bourgogne avaient sur ce point devancé le royaume de France ; car le duc Philippe le Bon avait confirmé et sanctionné, le 26 août 1459, la coutume du duché, et, le 28 décembre suivant, celle du comté de Bourgogne.

[2] Souvent aussi relié en quatre volumes. Voir dans la *Bibliothèque historique de la France* du P. Le Long, t. IV, p. 443, la table des coutumes contenues dans la collection de Bourdot de Richebourg, et l'indication de celles qui y ont été omises.

tumes que le droit coutumier français acquiert l'authenti-
cité et la fixité d'un droit écrit ; une nouvelle ère se lève
pour lui. A la rareté succède l'abondance des travaux, et
chaque coutume provinciale ou locale va avoir son commentateur. Mais cette ère est au delà de notre horizon ;
la lumière y luit, et ce n'est que dans les ténèbres de l'é-
poque de la formation de notre droit coutumier que nous
avons essayé de porter le flambeau.

Puisse notre livre appeler l'attention de tous ceux qui
s'occupent de cette belle science de l'histoire du droit français ; puisse-t-il servir de première ébauche à une œuvre
qui ne saurait devenir complète que par les efforts réunis
de tous !

SOURCES ET MONUMENTS

DU DROIT FRANÇAIS

ANTÉRIEURS AU QUINZIÈME SIÈCLE.

PARTIE I.

OUVRAGES SUR L'HISTOIRE DU DROIT FRANÇAIS.

---

1. Institution au droit français, par Guy Coquille. Paris, 1642, in-8°.

Réimprimée dans le deuxième volume des Œuvres de Coquille. Paris, 1666, et Bordeaux, 1703, 2 vol. in-fol.

2. Institution au droit français, par Argou, augmentée par Boucher d'Argis. Paris, 1662, 1699, 1771, 1787, 2 vol. in-12.

Argou, né dans le Vivarais et mort au commencement du dix-huitième siècle, a été avocat au Parlement.

3. Conjectures sur l'origine du droit français, par Cl. Loger, avocat.

Cette dissertation se trouve en tête de la *Bibliothèque des coutumes*, par Berroyer et de Laurière. Paris, 1699, in-4°, et 1754, in-4°.

1

4. Bretonnier, Préface des œuvres de Henrys, 1708. 2 vol. in-fol. [1]

5. Bouhier, Observations sur la coutume de Bourgogne.

Cette excellente étude sur l'origine des coutumes se trouve dans le livre I, ch. IX des *Coutumes du duché de Bourgogne avec les observations du président Bouhier.* Dijon, 1742-1746, 2 vol. in-fol.

6. Historiæ juris gallicani epitome; auctore J. Mart. Silberradio. Argentorati, 1751 et 1765; in-8°.

Silberradt était professeur de droit à Strasbourg. Il a publié, conjointement avec Ritter, l'*Histoire du droit romain et germanique* de Heineccius, qui avait d'abord paru à Leyde en 1748, sous le titre de *Heineccii historia juris civilis romani ac germanici.* Les éditions de cet ouvrage, avec les notes de Ritter et de Silberradt, sont de 1751 et de 1765. C'est à la suite de ces éditions du livre d'Heineccius que se trouve imprimé l'*Epitome* de Silberradt.

7. Recherches pour servir à l'histoire du droit français, par Grosley, avocat à Troyes. Paris, 1752, 1787; in-12.

La source des coutumes est un des objets principaux de l'ouvrage du jurisconsulte champenois. Il a eu le mérite de contester le premier au droit romain sa qualité usurpée de droit commun de la France, et de s'approcher de la vérité en attribuant beaucoup dans les coutumes de France aux usages civils des Germains. Mais Grosley s'est trompé en disant que ces usages étaient aussi ceux des Gaulois; déjà César[2] avait remarqué la différence qui existait entre les coutumes et les usages de la race celte et de la race germanique.

8. Les Institutions du droit français suivant l'ordre de

---

[1] Voir, sur Bretonnier et Henrys, la *Bibliothèque de Camus et Dupin*, nᵒˢ 1434 et 1444.

[2] *De bello Gall.*, VI, 21.

celles de Justinien, par Claude Serres. Paris, 1753, in-4°; Toulouse, 1778, in-4°.

Claude Serres était professeur de droit français à Montpellier.

9. Analyse historique des principes du droit français, par Duchesne. Paris, 1757, in-12.

10. Précis historique du droit français, par l'abbé Fleury.

Ce précis, court mais substantiel, s'arrête à 1674. On le trouve dans le quatrième volume de la collection des Opuscules de l'abbé Fleury. Nîmes, 1781, 5 vol. in-8°; ainsi que dans l'*Institution au droit français* par Argou [1].

Cet ouvrage a été continué et réédité par M. Dupin aîné. Voy. *infrà*, n° 25.

11. De la monarchie française ou de ses lois, par Pierre Chabrit, conseiller au Conseil souverain de Bouillon et avocat au Parlement de Paris. Bouillon, 1783, 2 vol. in-8°.

Interrompu par la mort de l'auteur, cet ouvrage est resté inachevé. Cependant, conçu sur un plan bien agencé, il est plus instructif que beaucoup d'autres ouvrages plus connus.

12. Essais sur les révolutions du droit français, pour servir d'introduction à l'étude de ce droit, par Bernardi. Paris, 1785, in-8°.

13. Histoire de l'ancien gouvernement de France, avec quatorze lettres sur les Parlements ou Etats-Généraux, par De Boulainvilliers. Amsterdam, 1737, 3 vol. in-12.

14. Histoire critique de la monarchie française dans les Gaules, par l'abbé Dubos. Paris, 1742, 2 vol. in-4°, ou 4 vol. in-12.

Avant ces deux auteurs, nos antiquités nationales étaient en-

[1] V. *suprà*, n° 2.

vironnées d'une nuit profonde, et c'est à eux que revient l'honneur d'avoir dissipé ces ténèbres. Mais chacun d'eux a composé son ouvrage avec des idées préconçues, et en se faisant plus ou moins le champion d'un parti politique. Le comte de Boulainvilliers, organe de la noblesse, dériva tout de la conquête germanique, ce qui a fait dire à un illustre académicien : « qu'il n'avait vu que deux choses dans nos origines : des victoires et des défaites [1]. »

Tandis que, dans ce système, l'épée des vainqueurs avait tout fait, dans celui de l'abbé Dubos, qui paraît avoir écrit son ouvrage pour combattre celui de Boulainvilliers, tout est attribué aux lois, aux mœurs et à la religion des vaincus. Selon Dubos, les Francs ne seraient jamais entrés en conquérants ; les rois francs n'auraient été que les continuateurs des Césars romains, et il n'y aurait eu, dans les premiers temps de la monarchie, qu'un seul ordre de Français. L'auteur s'est fait évidemment l'organe du tiers État.

Montesquieu a vivement critiqué le système du savant abbé; mais ce qu'il a dit sur nos antiquités nationales prouve qu'il n'approuvait pas plus le système exclusif du comte de Boulainvilliers. Du reste, la fin du livre XVIII, et les livres XXVIII, XXX et XXXI de l'*Esprit des lois* renferment des trésors sur nos antiquités nationales. Quoique distancé par les études modernes, Montesquieu mérite l'admiration, si on considère l'état de la science à son époque.

15. Droit public de France éclairé par les monuments de l'antiquité, par Bouquet. Paris, 1756, in-4°. Tome I. (le seul qui ait paru).

16. Maximes du droit public français, tirées des capitulaires, des ordonnances du royaume et des autres mo-

---

[1] Jugement de Garat sur le premier volume de l'ouvrage de Chabrit, *De la Monarchie française ou de ses lois* (*Mercure de France*, 6 mars et 10 avril 1784).

numents de l'histoire de France. Amsterdam, 1775,
2 vol. in-4° ou 6 vol. in-12.

Ouvrage anonyme, composé par une réunion de jurisconsultes parmi lesquels figurait Camus.

17. Observations sur l'histoire de France, par l'abbé de
Mably. Paris, 1765 et 1788, 6 vol. in-12. Edition revue
par M. Guizot. Paris, 1823, 3 vol. in-8°.

On peut dire que Montesquieu a donné l'impulsion à cet ouvrage ; ce que celui-ci a vu, Mably le prouve. L'ouvrage est riche
en faits, et jette une vive lumière sur notre histoire sous les
deux premières dynasties ; mais l'auteur n'a pu éviter le reproche d'avoir composé son œuvre trop en vue du système constitutionnel et de l'école anglaise, à laquelle ont appartenu les
Necker, les Mounier, et d'autres membres illustres de cette
Assemblée nationale qui, quelques ans plus tard, étonna la
France par sa sagesse et par son audace.

18. De l'état civil des personnes et de la condition des
terres dans les Gaules, dès les temps celtiques jusqu'à
la rédaction des coutumes, par Perreciot.—En Suisse,
1786, 2 vol. in-4°. — Londres, 1790, 5 vol. in-12. —
Paris, 1845, 3 vol. in-8°.

Voici ce que dit un savant critique dans la *Bibliothèque de
l'école des chartes,* série B, tome II, p. 586-587 :

« Le dix-huitième siècle est l'époque des grandes théories
philosophiques et politiques sur nos origines nationales. Tandis
que de laborieux érudits, élevés à l'école des Bénédictins, recueillaient avec un zèle infatigable et compulsaient patiemment
les matériaux de notre histoire, ne cherchant, dans ces documents amassés de leurs mains, que les moyens d'éclairer d'une
lumière plus vraie notre passé si longtemps méconnu, faute
d'éléments pour le connaître ; des écrivains plus ambitieux et
plus hardis, préoccupés du passé, en tant seulement qu'il pouvait servir à expliquer le temps présent, considéraient le champ

historique comme une arène, et le trésor de nos antiquités comme un arsenal, où chaque historien, chaque publiciste devait chercher des armes, soit pour défendre le système qu'il avait inventé, soit pour attaquer le système de ses adversaires. Le comte de Boulainvilliers marche à la tête de ces historiens publicistes. Admirateur passionné des mœurs germaniques, et rattachant tout au fait même de la conquête franque, dont il exagère la portée, le champion de l'aristocratie ne voit dans le peuple français que les descendants d'une nation subjuguée et réduite en esclavage, et dans le souverain que les successeurs des chefs d'une armée d'hommes libres, tous égaux entre eux, tous nobles au même titre. A ce système, également hostile au peuple et à la royauté, l'abbé Dubos, relevant le gant au nom de la bourgeoisie, répondit par la thèse directement contraire. Pour lui, la conquête des Francs, l'asservissement des Gaulois sont pure illusion. Les Francs, appelés par les empereurs, sont entrés en Gaule à titre d'alliés, et ont gardé le pays tel qu'ils l'avaient trouvé, c'est-à-dire romain de mœurs et d'institutions. Montesquieu, écrivant en présence de ces deux systèmes opposés, s'appliqua à garder un strict milieu entre leurs exagérations, reconnaissant le fait de la conquête avec Boulainvilliers, et la persistance vivace de l'élément romain avec Dubos. Plus tard, l'abbé de Mably, obéissant à d'autres idées, mit au jour un nouveau système historique. Mably, comme Boulainvilliers, nie l'élément romain ; seulement, ce que celui-ci présente comme le partage des conquérants, le premier en fait l'apanage de la nation entière. A l'entendre, les Francs, libérateurs plutôt que conquérants, associèrent les Gaulois à tous leurs droits civils et politiques, et voulurent ne faire avec eux qu'un seul et même peuple, vivant à l'ombre des mêmes libertés. Pour lui, les assemblées des champs de mars et de mai, et plus tard les Etats généraux résument tout ce qu'il y a de bon et de beau dans notre histoire. C'est à expliquer, et, s'il se peut, à restaurer ce gouvernement demi-républicain, demi-monarchique, de son invention, qu'il consacre toutes ses forces. Un pareil système répondait trop bien au besoin de ré-

formes constitutionnelles, dont tous les esprits étaient préoccupés à la veille de la Révolution, pour ne pas être accueilli avec
enthousiasme. Aussi les *Observations sur l'histoire de France*
eurent-elles un immense succès.

« Tel était à peu près l'état de la question, lorsque parut, en
1786, le livre intitulé : *De l'état civil des personnes et de la condition des terres dans les Gaules, dès les temps celtiques jusqu'à
la rédaction des coutumes.* L'ouvrage parut sans nom d'auteur ;
mais on sut bientôt qu'il était l'œuvre d'un jurisconsulte franc-
comtois, trésorier de France au bureau des finances de Besançon. Ce livre, fruit de recherches longues et laborieuses, plein
d'une érudition solide, et témoignant dans son auteur d'une rare
sagacité et d'une connaissance approfondie des textes, fit sen-
sation dans le monde érudit. L'auteur s'y montre disciple de
l'abbé Dubos, mais disciple éclairé, et sachant le plus souvent
faire la part des exagérations du maître pour s'en garder. On
trouve dans les deux auteurs la même manière d'envisager le
grand fait de la conquête franque. Suivant Perreciot, il ne faut
pas se représenter les invasions des barbares comme amenant
un bouleversement complet, et ne laisssant rien subsister de
ce qui avait existé auparavant. Les barbares avaient depuis longtemps des rapports fréquents avec l'empire qui les avait em-
ployés, tantôt comme auxiliaires dans ses armées, tantôt comme
gardiens des frontières. Ils en avaient reçu dans l'intérieur des
provinces des concessions de terres, à l'occasion desquelles ils
devaient, sous le nom de *lètes*, le service militaire. Ces différents rapports avaient nécessité des traités qui avaient familia-
risé jusqu'à certain point les barbares avec les mœurs et la législation romaines. A vrai dire donc, l'invasion ne fut qu'une
révolution qui substitua les noms des Burgondes, des Goths et
des Francs, au nom romain. »

On voit que Perreciot, comme Dubos son devancier, et Petigny son successeur, ont trop amoindri le fait et les consé-
quences de l'établissment des Germains dans les Gaules. Cette
propension à négliger ou à amoindrir l'élément germanique peut

être reprochée à beaucoup d'historiens et de jurisconsultes en France.

19. Théorie des lois politiques de la monarchie française, par Mlle de Lezardière. Paris, 1792, 8 vol. in-8°.

Les huit volumes publiés ne comprennent que les deux premières des quatre époques qui devaient diviser l'ouvrage d'après le plan de l'auteur. Elles traitent, par conséquent, d'abord, des temps antérieurs à Clovis, ensuite de la période qui s'étend depuis l'origine de la monarchie franque jusqu'au règne de Charles le Chauve, temps de la décadence absolue de la race carlovingienne. Les événements de 1793 firent quitter à l'auteur sa patrie et son œuvre, qu'elle ne reprit plus, quoiqu'elle ne mourut qu'en 1835. Une nouvelle édition de cet ouvrage a été publiée en 1844, par M. le vicomte de Lezardière [1] ; elle contient, dans le dernier volume, l'époque féodale (du neuvième au treizième siècle), qui ne se trouve pas dans l'ouvrage primitif. Quant à la quatrième partie, celle qui devait exposer l'histoire de la royauté jusqu'à la fin du règne de Louis XV, elle n'a jamais été écrite.

L'œuvre de Mlle de Lezardière, moins généralement appréciée en France, quoique M. Guizot [2] en ait fait un grand profit, a été estimée très-haut pour l'étude de l'histoire du droit français, par M. de Savigny, dans la préface de la première édition de son *Histoire du droit romain au moyen âge.* V. *infrà,* n° 26.

20. Histoire du droit français, par Boileau, avocat. Paris, 1806, in-12.

21. Alex. Cérésa de Bonvillaret, Précis historique de la législation française. Turin, 1812, in-8°.

22. De l'origine et des progrès de la législation fran-

---

[1] Quatre volumes in-8°; Paris, 1844. Au comptoir des Imprimeurs-Unis, 15, quai Malaquais.

[2] Son jugement sur l'ouvrage de Mlle de Lezardière se trouve dans son *Histoire de la civilisation en France,* t. I, p. 39.

çaise, ou Histoire du droit public et privé de la France, depuis la fondation de la monarchie jusques et compris la Révolution, par Bernardi. Paris, 1816, in-8°.

23. Guizot, Essais sur l'histoire de France. 1ʳᵉ édit., Paris, 1824, 1 vol. in–8°; 7ᵉ édit., 1847, 1 vol. format Charpentier.

24. Guizot, Histoire de la civilisation en France, depuis la chute de l'empire romain. 1ʳᵉ édit., Paris, Didier, 1830-32, 4 vol. in-8°; dernière édit., 1847, 4 vol. format Charpentier.

25. Précis historique du droit français, par l'abbé Fleury ; avec continuation depuis 1674 jusqu'en 1789, par M. Dupin. Paris, 1826, in-18.

26. Savigny, Histoire du droit romain au moyen âge, trad. franç. de M. Guenoux. Paris, 1830, 4 vol. in-8°.

Cet ouvrage classique, quoique mettant un peu trop en relief l'élément romain, et laissant trop dans la pénombre les origines germaniques, est néanmoins un des meilleurs livres sur l'histoire du moyen âge, et d'un puissant secours pour l'étude de notre civilisation et de notre droit.

27. Mémoire sur l'origine du droit coutumier en France, et sur son état jusqu'au treizième siècle, par M. Pardessus. Paris, Imprimerie royale, 1834, in-4°.

Ce Mémoire se trouve aussi dans le Xᵉ tome des Mémoires de l'Institut (Académie des inscriptions et belles-lettres).

28. Précis de l'histoire du droit civil en France, par Poncelet. Paris, Joubert, 1838.

Résumé très-compacte des leçons que ce professeur a faites sur l'histoire du droit à l'Ecole de droit de Paris; édité séparément (119 p. in-8°), et dans les quatrième et cinquième éditions du

1.

Commentaire sur le Code civil, de Boileux, dont il forme l'introduction. La rédaction est due à M. Rapetti.

29. Histoire du droit français, par M. F. Laferrière. Paris, Joubert, 1838, 2 vol. in-8°.

30. Travaux sur l'histoire du droit français, par H. Klimrath, recueillis, mis en ordre et précédés d'une préface, par M. Warnkœnig. Paris et Strasbourg, 1843, 2 vol. in-8°.

Faire l'éloge de Klimrath, qu'on peut, sans hésiter, appeler le restaurateur de l'étude historique du droit en France, serait aussi superflu que de recommander la lecture de ses opuscules, dont chacun est un chef-d'œuvre d'érudition et de lucidité. On sait que ce jeune savant s'occupait d'une histoire du droit public et privé de la France, et qu'il avait pris pour modèle l'ouvrage célèbre d'Eichhorn, *Deutsche Staats und Rechtsgeschichte*. (V. *infrà*, n° 117.)

Les parties achevées de cette conception, jointes aux travaux détachés de l'auteur, sur l'histoire et les antiquités de notre droit, forment un des meilleurs cadres pour l'étude historique de la législation française.

31. Récit des temps Mérovingiens, précédés de considérations sur l'histoire de France, par M. Aug. Thierry. Paris, 1839 et 1842, 2 vol. in-8°.

32. Histoire des institutions mérovingiennes et du gouvernement des Mérovingiens jusqu'à l'édit de 615, par Lehuérou. Paris, 1842, 1 vol. in-8°.

Ce travail sur nos origines nationales, écrit avec beaucoup de patience et d'érudition, n'a pas assez pris en considération l'élément germanique ; les Barbares sont manifestement sacrifiés aux traditions romaines.

33. Histoire des institutions carolingiennes et du gou-

vernement des Carolingiens, par le même. Paris, 1843,
1 vol. in-8°.

Ce livre est la suite du précédent, en ce qu'il expose l'histoire de nos institutions, depuis l'édit de 615 jusqu'à la fin des
Carlovingiens. L'auteur y a donné une large part, celle qui con-
vient, à l'élément barbare ou germanique, et y a démontré jusqu'à l'évidence que le régime féodal, loin d'avoir été un fait
unique dans l'histoire, sans racines ni analogie dans le passé,
a pris sa source dans les institutions politiques et domestiques
des peuples de la souche germanique. C'est là un des grands
mérites de M. Lehuérou [1].

34. Etudes sur l'histoire, les lois et les constitutions de
l'époque mérovingienne, par M. J. de Petigny. Paris,
1843-1845, 3 vol.

M. de Petigny a repris le système de l'abbé Dubos, en l'é-
tayant de nouveaux faits et de savants arguments. Selon lui,
les Francs ne se rendirent pas maîtres de la Gaule par la force
des armes ; mais ils furent appelés par les Gallo-Romains et ap-
puyés surtout par le clergé catholique, qui voyait en Clovis le
protecteur de l'Église et le destructeur du paganisme.

35. Warnkœnig, Flandrische Staats- und Rechtsgeschichte
bis sum Jahre 1305 (Histoire du droit privé et public des
Flandres jusqu'en 1305). Tübingen, 1835-1842, 4 vol.
in-8°.

Cet ouvrage, enrichi d'un grand nombre de documents inconnus jusqu'alors, a une valeur très-grande pour l'étude du
droit français, et à cause de la communauté d'origine des habitants modernes de la Belgique et de la France, et à cause des
provinces flamandes qui ont fait ou font encore partie de la
France.

---

[1] Voir, sur ce point, notre *Histoire de l'organisation de la famille
en France*. Paris, Aug. Durand, 1851, p. 192 et suiv.

Il en existe une traduction française par Gheldolf. Bruxelles 1856 et suiv.

36. Polyptique de l'abbé Irminon, ou Dénombremen des manses, des serfs et des revenus de l'abbaye de Saint-Germain-des-Prés, sous le règne de Charlemagne. Publié d'après le ms. de la Bibliothèque du roi, avec des *prolégomènes* pour servir à l'histoire de la condition des personnes et des terres depuis les invasions des barbares jusqu'à l'institution des communes, par M. Guérard, membre de l'Institut. Paris, Imprimerie royale, 1843, 3 vol. in-4º.

Les introductions et prolégomènes du *Cartulaire de l'abbaye de Saint-Père-de-Chartres, de l'abbaye de Saint-Bertin, et du Cartulaire de Notre-Dame de Paris*, du même auteur [1], contiennent également des détails précieux sur l'histoire de nos institutions et de notre législation.

37. Institutes coutumières d'Antoine Loysel, ou Manuel de plusieurs et diverses règles, sentences et proverbes, tant anciens que modernes du droit coutumier et plus ordinaire de la France, avec les notes d'Eusèbe de Laurière. Nouvelle édition, revue, corrigée, augmentée, par MM. Dupin et Ed. Laboulaye. Paris, 1846, 2 vol. in-12.

L'ouvrage d'Antoine Loysel (né en 1536, mort en 1617), quoique ayant pour objet de donner un aperçu général des principes contenus dans le droit coutumier français, est néanmoins une véritable œuvre d'histoire de droit, et d'une grande utilité pour l'étude de cette science. La belle édition de MM. Dupin et Laboulaye contient, outre les notes d'Eusèbe de Laurière, quelques notes nouvelles et une introduction historique dues à la plume des savants éditeurs ; plus une vie de Loysel, par de

---

[1] V. plus loin, Partie IV, chap. II.

Laurière ; une liste faite avec soin des auteurs et jurisconsultes cités dans l'ouvrage ; enfin, un glossaire des anciens termes vieillis ou hors d'usage dans le langage du droit, glossaire fort supérieur à celui de Rageau et de Laurière.

38. Essai sur l'histoire du droit français au moyen âge, par M. Ch. Giraud. Paris et Leipzig, 1846.

Jusqu'à présent deux volumes ont paru, contenant une excellente esquisse des Origines du droit français et une collection de textes rares ou inédits d'anciennes coutumes. Voir un bon résumé de ce livre, qui promet un des meilleurs ouvrages sur l'histoire de notre droit national, dans la *Bibliothèque de l'École des chartes*, série B, t. II, p. 590-592.

39. L'interprétation des Institutes de Justinien, avec la conférence de chasque paragraphe aux ordonnances royaux, arrestz de Parlements et Coustumes générales de la France. Ouvrage inédit d'Etienne Pasquier, avocat général du roi en la Chambre des comptes, publié par M. le duc Pasquier, chancelier de France, avec une introduction et des notes de M. Ch. Giraud, membre de l'Académie des sciences morales et politiques. Paris, Videcoq et Durand, 1847, 1 vol. in-4°.

40. Warnkœnig et L. Stein, Franzoesische Staats-und Rechtsgeschichte (Histoire du droit français public et privé). Bâle, 1846-48, 3 vol. in-8°.

Avec l'ouvrage de M. Schæffner (n° 41), la seule histoire complète qui existe aujourd'hui sur le droit français [1]. L'étude et la richesse des sources sont des plus remarquables dans cette œuvre du savant professeur de Tubingue et de son collaborateur. Le premier volume est exclusivement consacré à l'histoire

---

[1] Il est juste d'y ajouter l'*Histoire du droit français* de M. Laferrière, publiée en 1838 (n° 29), quoique l'auteur, en publiant aujourd'hui un second ouvrage sur la matière (n° 42), avoue lui-même qu'il n'a fait qu'effleurer son sujet dans le premier.

du droit public et administratif, depuis l'origine de la monarchie. Le deuxième volume s'occupe du droit privé, et chacun
des deux volumes contient, dans un appendice, plusieurs textes
rares ou inédits.

Le troisième volume donne l'histoire du droit pénal et de la
procédure; il s'arrête, comme les deux précédents, à la fin de
la monarchie absolue. Il est fort à désirer que les auteurs pour-
suivent leur œuvre, et nous donnent bientôt l'histoire de la législation française, à partir de 1789 jusqu'à nos jours.

41. Geschichte der Rechtsverfassung Frankreichs (Histoire du droit français), von Wilhelm Schæffner.
Frankfurt Sauerlænder, 1845-1850, 4 vol. in-8º.

Cet ouvrage important, écrit par un étranger, n'est pas assez
connu en France. Comme le titre l'indique, ce n'est pas seulement une histoire du droit civil, mais l'exposition complète du
droit public et privé de notre patrie. De la part d'un étranger,
c'est une entreprise hardie, qui a été heureusement conduite à
terme, eu égard aux grandes difficultés à vaincre, quand on
veut traiter un aussi vaste sujet dans un espace aussi restreint.
En somme, l'ouvrage de M. Schæffner est un livre des plus utiles
à consulter, et, avec celui de MM. Warnkœnig et Stein (qui
s'arrête à la date de 1789), le seul qui puisse prétendre avoir
traité complétement l'histoire de notre droit national [1].

42. Histoire du droit civil de Rome et du droit français,
par M. F. Laferrière. Paris, Joubert, 1846-1853.

Jusqu'à ce jour quatre volumes ont paru.

Le savant auteur de cet ouvrage a eu l'avantage d'avoir été
le premier à défricher le terrain. Son livre, publié en 1838 (voir

---

[1] Ceux qui veulent connaître les idées de l'Allemagne sur notre
pays et le développement de sa civilisation, liront avec intérêt
l'ouvrage de M. Arnd, *Geschichte des Ursprungs und der Entwic-
klung des französischen Volkes.* Leipzig, Brockhaus, 1844-6. 3 vol
in-8º.

suprà, n° 29), a été le premier essai d'une histoire du droit français. Malgré ses qualités brillantes, il fut vivement attaqué, surtout à cause de la prétérition complète de l'élément germanique.

Dans le second ouvrage, M. Laferrière a repris son sujet avec plus d'étendue, et évité avec soin ce que les critiques lui avaient autrefois reproché. Ce qui a paru jusqu'à ce jour promet une excellente histoire du droit français, surtout si les lois nationales y sont l'objet d'une étude aussi développée que l'ont été les lois romaines dans les deux premiers volumes. Le troisième traite du droit public et privé des périodes mérovingienne et carlovingienne ; le quatrième, qui vient de paraître, pendant que nous mettons sous presse, embrasse l'histoire du droit français de l'époque féodale, du dixième à la fin du treizième siècle.

PARTIE II.

ÉPOQUE ANTÉRIEURE A L'ÉTABLISSEMENT DÉFINITIF DES PEUPLES GERMANIQUES DANS LES GAULES.

CHAPITRE I.

ÉLÉMENT CELTE.

Auteurs anciens.

Tous les passages des auteurs romains, tels que César, Pline, Strabon, Diodore de Sicile, Pomponius Mela, Ammien Marcellin, ayant trait à la Gaule, ont été rassemblés dans :

43. Dom Bouquet, Recueil des historiens des Gaules et de la France. Paris, 1738-1840, 20 vol. in-fol., vol. I.

Quant aux endroits des classiques grecs, traitant de notre patrie, ils ont été réunis dans :

44. B. de Xivrey, Recueil des sources de l'histoire de France empruntées aux auteurs grecs, texte et traduction. Paris, 1841.

Auteurs modernes.

45. Histoire des Celtes, par Peloutier. Paris, 1771, 2 vol. in-4° ou 8 vol. in-12.

46. Houard, Mémoire sur les antiquités galloises, dans les Mémoires de littérature de l'Académie des inscriptions. T. I, p. 441-497.

47. L. Reynier, De l'économie publique des Celtes, des Germains et des autres peuples du Nord et du centre de l'Europe. Genève, 1818.

48. Précis historique de l'ancienne Gaule, ou Recherches sur l'état des Gaules avant les conquêtes de César, par Berlier. Bruxelles, 1822.

49. Rerum Hibernicarum scriptores veteres, auctore O'Connor. Buckingham, 1814-1826, 4 vol. in-4°.

50. A. Thierry, Hist. des Gaulois depuis les temps les plus reculés jusqu'à la soumission de la Gaule aux Romains. Paris, 1828, 3 vol. in-8°.

51. Dieffenbach, *Celtica*. I. Sprachliche Documente zur Geschichte der Kelten. Stuttgart, 1839.—II. Versuche einer genealogischen Geschichte der Kelten. Stuttgart, 1840.

52. Zeuss, Die Germanen und ihre Nachbarstaemme. München, 1839.

53. Essai sur l'histoire, la langue et les institutions de la Bretagne Armoricaine, par Aurélien de Courson. Paris, 1840, in-8°.

54. Histoire des origines et des institutions des peuples de la Gaule Armoricaine et de la Bretagne insulaire, par le même. Paris, 1843, in-8°.

55. Histoire des peuples Bretons dans la Gaule et dans les îles Britanniques, par le même. Paris, Furne, 1846, 2 vol. gr. in-8°.

Ce dernier ouvrage est la fusion revue et augmentée des deux précédents.

Sources et monuments de droit.

La race celte, qui malheureusement n'a pas laissé de monuments de droit en France, nous en a légué deux importants dans
l'île de Bretagne : les anciennes coutumes du pays de Galles et
celles de la Cambrie.

La première codification des coutumes galloises est attribuée
à Howel le Bon, prince des Kymry, qui régna en Angleterre au
dixième siècle de l'ère chrétienne. Elles ont été imprimées deux
fois, en latin, il y a cent trente ans, et en anglais, il y a une
douzaine d'années, sous les auspices du gouvernement anglais.
Inutile d'ajouter que la deuxième édition est de beaucoup supé-
rieure à la première.

56. *Cyfreithjeu Hywel Dda ac eraill,* seu Leges wallicæ
ecclesiasticæ et civiles Hoeli Boni et aliorum Walliæ
principum quas ex variis codd. MM. SS. eruit, inter-
pretatione latina et glossario illustravit Guilelmus Wot-
tonus. London, 1730, in-fol.

57. *Ancient Laws and Institutes of Wales;* comprising
laws supposed to be enacted by Howel the Good, mo-
dified by subsequent regulations under the native
princes prior to the conquest by Edward the first;
and anomalous laws consisting principally of institutions which by the statute of Ruddlan were admitted
to continue in force : with an english translation of the
text.   To which are added a few latin transcripts,
containing Digests of the welsh laws, principally of
the Dimetian Code.   With indexes and glossary.

Printed by command of His late Majesty king William IV, under the direction of the commissioners on
the public records of the Kingdom.   London, 1841,
in-fol.

Il résulte de l'excellente préface de cette précieuse dernière

édition, que les plus anciens manuscrits, sur lesquels les textes
ont été copiés, appartiennent déjà à un ou plusieurs siècles après
Howel le Bon, et contiennent des altérations et des modifications
nombreuses faites par les différents souverains du pays de Galles.

Un extrait français des principales dispositions des lois de
Howel le Bon se trouve dans le livre de De Courson (v. *suprà*,
n° 55), p. 442 et suiv.

Quant aux anciennes lois de la Cambrie, l'*Archaiology of
Wales* (London, 1807, in-8°, vol. III, p. 561-457) contient le
texte dans l'idiome original. L'âge des triades est incertain ; ce
qui est plus que probable, c'est que le contenu appartient à
différents siècles, attendu qu'on y rencontre à la fois les traces
du druidisme et les vestiges d'une organisation judiciaire com-
pliquée.

Ce qui est certain, c'est que Dyonwal Moelmud exista longtemps avant Howel le Bon ; car, dans les lois de ce dernier (Ve-
nedotian Code, liv. II, ch. XVII, § 1)', il est dit que Dyonwal,
roi de l'île, avait été un homme honoré et sage, qui, le premier,
établit de bonnes lois, lesquelles restèrent en vigueur jusqu'au
temps de Howel le Bon.

Une excellente traduction anglaise de ce *Recueil des lois cam-
briennes* a été publiée sous le titre :

58. The ancient laws of Chambria; containing the insti-
   tutional triads of Dyonwal Moelmud, the laws of Howel
   the Good triadical commentaries, Code of education,
   and the hunting laws of Wales ; to which are added
   the historical triads of Britain. Translated from the
   Welsh by William Probert. London, E. Williams,
   1823.

CHAPITRE II.

ÉLÉMENT ROMAIN.

Nous renvoyons, pour le droit romain en général, à la *Biblio-thèque choisie des livres de droit* de Camus, revue par M. Dupin aîné ; cinquième édition, Paris, 1832, vol. II, titre VI, nᵒˢ 435-827 ; ainsi qu'à la bibliographie choisie donnée par :

59. Mackeldey, Histoire des sources du droit romain, trad. de l'allemand, et augmentée de notes par M. Poncelet, etc. Paris, 1829, in-12.

Quant aux sources du droit romain, les meilleures énumérations se trouvent dans :

60. Puchta, Cursus der Roemischen Institutionen. Leipzig, 1841 et 1845. Vol. I.

61. Sell, Quellenkunde des Roemischen Rechts. Bonn, 1846, in-8º.

Il ne nous reste donc qu'à ajouter en premier lieu quelques ouvrages récents, résumant, sous le rapport géographique, historique et juridique, les derniers résultats de la science sur l'état des Gaules sous la domination romaine. Tels sont :

62. Guérard, Essai sur le système des divisions territoriales des Gaules depuis l'âge romain jusqu'à la fin de la dynastie carlovingienne. Paris, 1832, in-8º.

63. Walckenaer, Géographie ancienne historique et comparée des Gaules. Paris, 1840, 3 vol. in-8º.

64. Amédée Thierry, Histoire de la Gaule sous l'administration romaine. Paris, 1839-1852, 4 vol. in-8º.

65. Histoire du droit civil de Rome et du droit français, par M. Laferrière (V. *suprà*, nº 42). Tom. I et II.

Quant au droit romain ayant été spécialement en vigueur dans les Gaules, il faut recourir aux monuments anté-justiniens qui ont eu force de loi dans cette province de l'empire romain. Malheureusement, ces textes ont été en partie perdus, ou bien ils ne nous sont parvenus que d'une manière incomplète.

Ce sont :

66. L'Édit perpétuel, *Edictum perpetuum*.

Cette œuvre, élaborée par le jurisconsulte Salvius Julien, sous le règne de l'empereur Adrien, vers l'année 131, qui voulait coordonner et perfectionner de cette manière les différents édits provinciaux réglant la législation des provinces, fut un véritable Code, et d'une si grande importance, que les plus grands jurisconsultes de Rome, tels que Gaïus, Ulpien et Paul ne dédaignèrent pas d'écrire de vastes commentaires sur l'Édit [1].

Les fragments conservés de l'Édit perpétuel se trouvent en tête de toutes les éditions du *Corpus juris,* depuis Denis Godefroy, dont la première a été imprimée à Lyon en 1583, in-4°. La meilleure et la plus récente édition est :

a. C. A. den Tex, Fontes tres juris civilis romani antiqui. Legum XII Tabularum, legis Juliæ et Papiæ Poppeæ, et Edicti perpetui fragmenta, adjectis tabulis chronologicis juris romani. Amstelodami, 1840, in-12.

Quant aux fragments des commentaires de Gaïus *ad edictum provinciale,* et ceux d'Ulpien et de Paul *ad edictum,* conservés par le Digeste, on peut les trouver réunis dans :

67. Jac. Labitti, Index legum omnium quæ in Pandectis continentur. Paris, 1577, in-8°.

68. C.-F. Hommelii, Palingenesia librorum juris vete-

---

[1] M. Laferrière (*Hist. du droit civil de Rome et du droit français,* vol. II, p. 359-365) a prouvé d'une manière ingénieuse que les écrits de Gaïus *ad edictum provinciale,* et ceux d'Ulpien et de Paul, avaient trait à l'*Édit perpétuel.*

rum ; sive Pandectarum loca integra ad modum indicis
Labitti et Wielingii oculis exposita et ab exempl. Tau-
relli Florent. descript. Lipsiæ, 1767-8, 3 vol. in-8°.

Les autres monuments anté-justiniens sont :

69. Les Institutes de Gaïus.

Gaïus ou Caïus fut un des plus grands jurisconsultes de
Rome ; il vécut au deuxième siècle de l'ère chrétienne. Ses Institutes furent, avec les Sentences de Paul, de toutes les œuvres
des jurisconsultes, les plus répandues dans les Gaules. Leur autorité était tellement grande, qu'elles furent insérées en abrégé
au Code romain d'Alaric (voir plus loin, n° 144), ou mis textuel-
lement à la suite.

En 1816, Niebuhr découvrit à Vérone un palimpseste contenant la majeure partie des Institutes de Gaïus, ouvrage dont on
n'avait connu jusqu'alors que les fragments recueillis dans le Digeste et dans le Bréviaire d'Alaric.

La première édition a été faite, en 1820, à Berlin, par Gœs-
chen, Becker et Bethmann-Hollweg; une seconde a paru à Berlin, en 1824, par Goeschen [1], et en 1825, par Steinacker, à Leipzig; une troisième par Lachmann, Bonn, 1841 ; et une quatrième
par Bœcking, Bonn, 1850.

a. Ev. Dupont, Disquisitiones in commentarium quartum Institutionum Gaii recenter repertarum. Lugd. Bat., 1822, in-8°.

b. Schrader, Was gewinnt die Rœmische Rechtsgeschichte
durch Cajus Institutionen (Que gagne l'histoire du droit romain par les Institutes de Caïus)? Heidelberg, 1823.

c. Adnotatio ad Institutionum Gaii commentarios, auctore C. J.
van Assen. Lugd. Bat., 1826, in-8°.

d. Gaii jurisconsulti Institutionum commentarius quartus sive

---

[1] Ces deux premières éditions de Berlin ont été successivement
reproduites dans les deux éditions de la *Juris civilis ecloga* (de
Blondeau, Ducaurroy et Jourdan). Paris, 1822 et 1827, 1 vol. in-12.
(Voir *infrà*, n° 77.)

de actionibus. Recensuit, restituere conatus est, adnotatio-
nem perpetuam, liberamque observationem adjecit A. J. Heff-
ter. Berolini, 1827, in-4°.

M. Boulet (Paris, 1827, in-8°) et M. Pellat (Paris, 1844) ont
donné des traductions françaises de Gaïus avec des notes.

70. Les Sentences de Paul, *Julii Pauli Sententiæ re-ceptæ.*

L'autorité de cet ouvrage du jurisconsulte Paul, qui vécut au
troisième siècle, fut également très-grande dans les Gaules.
Quelques fragments en avaient été recueillis par le Digeste [1], mais
la majeure partie du livre de Paul a été reproduite, accompa-
pagnée d'un commentaire, dans le Bréviaire d'Alaric.

Les Sentences de Paul se trouvent, comme appendice, dans
certaines éditions du *Corpus juris civilis*, ainsi que dans la *Juris civilis ecloga*, de MM. Blondeau, Ducaurroy et Jourdan. La
meilleure édition séparée est celle faite par Arndts. Bonn, 1833.

71. La loi des citations de Théodose II et de Valenti-nien III de l'an 426.

Cette fameuse Constitution donnée par Théodose pour l'empire
d'Orient, par Valentinien pour l'empire d'Occident, a eu une
très-grande influence sur la pratique du droit romain dans les
Gaules, sur ce que nous appelons aujourd'hui la jurisprudence.
L'empereur Adrien avait attribué à l'opinion unanime des pru-
dents (*prudentes*) l'autorité d'une jurisprudence obligatoire ; la
loi des citations vint limiter cette autorité, en ne donnant force de
loi qu'aux écrits des cinq jurisconsultes : Papinien, Paul, Gaïus,
Ulpien, et Modestin ; en cas de dissentiment, la majorité l'em-
portait, et, à nombre égal, la suprématie était attribuée au gé-
nie supérieur de Papinien (*excellentis vir ingenii*). Cette Constitution figure en tête du Code théodosien.

72. Les Codes Grégorien et Hermogénien, *Gregoriani et Hermogeniani Codices.*

---

[1] Voir les ouvrages de Labitte et de Hommel, *suprà*, n°s 67 et 68.

Ce recueil était une œuvre particulière commencée par le jurisconsulte Grégorien, vers la fin du troisième siècle, sous le règne de Dioclétien, et continuée sous Constantin par le jurisconsulte Hermogène. La première partie contient les constitutions impériales, à partir de Septime-Sévère (193-211), jusqu'à Dioclétien (284-305); la seconde, les constitutions depuis Dioclétien jusqu'à Valens et Valentinien II [1].

Déjà, avant Grégorien, le jurisconsulte *Papyrius Justus* et le grammairien Dosithée avaient recueilli les constitutions des empereurs Marc-Aurèle et Vérus.

Les soixante-trois fragments du Code Grégorien, et les trente du Code Hermogénien, qui ont été conservés, se trouvent dans les collections des sources anté-justiniennes [2].

La meilleure édition est celle de Haenel, dans le *Corpus juris romani antejustiniani*. V. *infrà*, n° 76.

a. Jacobson, Dissertat. crit. de codicibus Gregoriano et Hermogeniano. Regiomont. 1826.

73. Le Code Théodosien.

Cette collection des constitutions de seize empereurs chrétiens, depuis Constantin jusqu'à Théodose le jeune (312-438), fait, pour ainsi dire, suite à la collection de Grégorien et d'Hermogène. Ce Code, qui fut répandu dans les Gaules aussitôt après sa publication [3], y a exercé, de tous les monuments du droit romain, la plus grande influence. Nous ne possédons complétement que les dix derniers livres des seize qui composaient ce recueil. Clossius à Milan, Baudi di Vesme, et Peyron à Turin, ont découvert de notre temps plusieurs fragments des premiers livres.

a. Theodosiani codicis genuina fragmenta cum ex codice palimpsesto bibl. s. Taurinensis Athenæi edita, tum ex mem-

---

[1] Valentinien II fut corégent de l'Empire depuis 375-392.

[2] Voy. *infrà*, n°⁸ 74-76.

[3] Voir les preuves dans Laferrière, *Hist. du droit civil de Rome et du droit français*, II, p. 387.

branis bib. Ambros. Mediolanensis in lucem prolata. Inter se disposuit atque edidit Puggæus. Bonn, 1825, in-8°.

b. Codicis Theodosiani libri V priores, recognovit, additamentis insignibus a W. Clossio et Am. Peyronio repertis aliisque auxit notis subitaneis tum criticis, tum exegeticis nec non quadruplici append. inst. C. F. Wenck. Lipsiæ, 1825, in-8°.

La première édition du Code Théodosien est de 1550, par Du Tillet; puis vinrent celles de 1566, par Cujas; de 1665, par Jacques Godefroy ; de 1736 à 1745, par Ritter ; la plus récente par Haenel [1] ; et celle qu'a commencée Charles Baudi di Vesme, Turin, 1842 [2].

---

[1] Tom. II et III du *Corpus juris romani antejustiniani.* Bonnæ, 1840-1842. V. plus loin, n° 76.

[2] Voir, sur cette édition, un article de Frédéric Sclopis, dans la *Revue de législ. et de jurisprudence,* juillet 1842, p. 80 et suiv.

APPENDICE.

Les principales collections du droit romain antérieur à la codification opérée par Justinien sont :

74. Schulting , Jurisprudentia antejustinianea. Lugd. Batav., 1717, et Lipsiæ, 1737, in-4°.

Ce recueil contient les écrits alors connus des jurisconsultes Caïus, Paul et Ulpien ; les codes Grégorien et Hermogénien ; la *Mosaicarum et Romanarum legum collatio;* quelques autres fragments, comme la consultation d'un jurisconsulte inconnu, le *Papiani responsorum liber,* et les écrits de Dosithée.

75. Jus civile antejustinianeum, codicum et optimarum editionum ope, a societate jurisconsultorum curatum ; præfat. et indicem edit. adjecit Hugo. Berolini, 1824, 2 vol. in-8°.

Ce recueil contient tous les monuments du droit antéjustinien, y compris les codes Grégorien , Hermogénien et Théodosien, ainsi que les Novelles des empereurs antérieurs à Justinien.

76. Corpus juris romani antejustiniani, consilio professorum Bonnensium. Bonnæ, 1840-42, 3 vol. in-4°.

Cette collection est celle qui répond le mieux à l'état actuel de la science, et en même temps elle est la plus complète. Elle contient les textes suivants :

TOME I.

a. Gaii Institutionum commentarii quatuor.

b. D. Ulpiani Fragmenta.

c. Fragmenta veteris Jurisconsulti *De jure fisci.*

d. Fragmenta Sexti Pomponii et Herennii Modestini.

e. L. Volusii Mæciani *Assis distributio*, et Balbi Mensoris *De asse libellus*.

f. Quæ ex Dosithei magistri Interpretationum libro tertio ad jus pertinent. *D. Adriani sententiæ* et *epistolæ* et *Tractatus forensis*, maxime de manumissionibus, græce et latine.

g. Fragmenta quæ dicuntur Vaticana.

h. Mosaicarum et Romanarum legum collatio.

i. Consultationes veteris cujusdam jurisconsulti.

j. Caii Institutionum libri duo, et Fragmentum Papiniani ex lege romana Visigothorum.

k. Julii Paulli, *Receptarum sententiarum* ad filium, libri quinque.

l. Codicis Gregoriani et codicis Hermogeniani fragmenta.

Les tomes II et III donnent le texte le plus complet du Code Théodosien, et les Novelles des empereurs Théodose II, Valentinien III, Maxime, Majorien, Sévère et Anthème.

Ces textes sont édités par les soins de M. Gustave Hænel, de Leipzig.

En France nous possédons quelques recueils partiels, composés à l'usage des écoles de droit, tels que :

77. Juris civilis Ecloga, in qua præter Justiniani Institutiones, novellasque 118 et 127, Ulpiani Regularum liber singularis, Pauli sententiarum libri V, Gaii Institionum commentarii IV, et breviora quædam veteris prudentiæmonumenta continentur. Paris., 1827, in-12.

78. Flores juris antejustinianei. 1 vol. in-32, auctore Laboulaye. Paris 1839.

Ce petit volume contient :

a. Gajus.

b. D. Ulpiani fragmenta.

c. Fragmenta Vaticana.

d. Veteris Icti fragm. Dositheanum.

e. Herennii Modestini et aliorum Ictorum fragmenta.

f. Constantini Constitutiones de notis Ulpiani et Pauli in Papinianum.

g. De auctoritate Pauli.

h. Theodos. et Valentin. Constitutio de citatione prudentum et Papiniani præstantia.

Tous ces monuments se trouvent réunis avec les Institutes de Justinien, texte de Schrader et Clossius, dans une publication plus récente, sous le titre :

79. Juris civilis promptuarium ad usum prælectionum, recensuit Ed. Laboulaye, jurisconsultus parisiensis. Paris, Durand, 1845, in-32.

La seule collection qui peut prétendre à être un recueil complet, répondant à son titre, est la suivante :

80. Monumenta juris antejustinianei præcipua extra Pandectas et codicem tam Justinianeum quam Theodosianum servata. 1 vol. in-8°.

Ce recueil forme le deuxième volume de l'ouvrage de M. Blondeau : *Institutes de l'empereur Justinien*, traduites en français, suivies d'un choix de textes relatifs à l'histoire externe du droit romain et du droit privé antéjustinien. Paris, Videcoq, 1839 ; 2 vol. in-8.

C'est la plus complète collection de droit antéjustinien qu'on ait publiée en France.

CHAPITRE III.

ÉLÉMENT BARBARE.

§ I. — ÉLÉMENT SCANDINAVE.

81. Hin forna lögbók islandínga sem nefnist Gragas. Codex juris Islandorum antiquissimus qui nominatur Gragas. Hafniæ, 1829.

a. J.-F.-G. Schlegelii Commentatio historica et critica.

Cette dissertation sert d'introduction au livre précédent.

b. Pardessus, Notice sur le *Codex juris Islandorum antiquissimus* (Journal des Savants, avril-mai, 1831).

c. Wilda, dans le recueil : Hallische Allgemeine Literatur-Zeitung, janvier, 1852, nᵒˢ 9-11.

d. Michelsen, Ueber den Werth der altisländischen Nationalliteratur für das German. Rechtsstudium (Verhandl. der Germanisten in Lübeck im J. 1847, p. 165 et suiv.).

82. Le Code islandais *Jonsbók* (Livre de Jonas) de 1280.

a. Edition danoise : Den Islandske Lov, Jons Bogen, udgiven af Kong Magnus Lagabætir, aᵒ 1250. Kiobenhavn, 1763.

83. Les anciennes Coutumes de la Norwège rassemblées et publiées vers le milieu du dernier siècle par :
Hans Paus, Samling af gamle Norske Love. Kiobnhavn, 1751.

Et tout récemment dans l'ouvrage :

84. Norges gamle love indtil 1307, udgivne ved R. Keyser og P.-A. Munch. Christiania, 1846-1849, 3 vol. in-4ᵘ. Un quatrième doit encore paraître.

Voir notre Notice sur cette dernière collection, dans le Compte-

rendu des séances et travaux de l'Académie des sciences morales et politiques, février-mars 1850, p. 185.

85. Les anciennes Coutumes du Danemarck, de la Sca-
nie, du Seeland et du Jutland, publiées par :

Kolderup Rosenvinge, Samling af gamle Danske Love.
Kiobnhavn, 1821-1837.

86. Les anciennes Coutumes suédoises d'Upland, de Su-
dermanie, de Westmanie, de Dalécarlie, de la Gothie
orientale et occidentale, et le Coutumier *Haelsinga-
lagh,* qui avait force de loi dans les régions les plus
septentrionales de la Suède, rassemblés et publiés dans
la collection :

Samling af Sweriges gamla Lagar utgifven af Dr A. S.
Collin och Dr C. J. Schlyter. Stockholm, 1827 et années suiv.

87. Le Coutumier de l'île de Gothland, célèbre par la
ville maritime de Wisby, coutumier connu sous le nom
de Gutalagh, publié dans l'idiome goth, accompagné
de deux traductions allemandes, dont l'une du quatorzième siècle, et de notes explicatives :

Gutalagh, das ist der Insel Gothland altes Rechtsbuch ; in
der Ursprache und einer wieder aufgefundenen alt-
deutschen Uebersetzung herausgegeben, mit einer
neudeutschen Uebersetzung nebst Anmerkungen ver-
sehn von Dr Karl Schildener. Greifswald, 1818.

On peut utilement consulter, sur le rapport qui existe entre
le droit ancien des Scandinaves et des peuples germaniques :

a. J. Grimm, Literatur der altnordischen Gesetze, *dans* Zeitschrift für geschichtliche Rechtswissenschaft, vol. III, livrais. 1, p. 73 et suiv.

b. K. Schildener, Bemerkungen zu J. Grimm's Abhandlung.
Greifswald, 1818, in-8°.

c. Kolderup Rosenvinge, Grundrids af den danske Lovhistorje. Kiobnhavn, 1822, 2 vol. in-8°.

d. Dahlmann, Geschichte von Dænemark. Hamburg, 1841, in-8°, chap. vii-xii.

§ II. — ÉLÉMENT GERMANIQUE.

Auteurs anciens.

88. Jul. Cæsaris (191–44 avant J.-C.), Commentarii de bello Gallico.

89. Corn. Taciti (60-98 après J.-C.), De situ, moribus et populis Germaniæ libellus. — Historiarum, libri IV et V.— Annalium, libri I et II.

90. L. Annei Flori (117 après J.-C.), Epitome historiæ Romanæ.

91. Zosimi, Historiæ novæ libri sex (depuis Auguste jusqu'à l'an 410).

92. Cl. Ptolomæi (125-161 après J.-C.), Geographiæ libri octo.

93. Dionis Cassii Cocceiani (155-229 après J.-C.), Historia Romana.

94. Ammiani Marcellini (353-390 après J.-C.), Historiarum libri XXXI.

95. Salvianus (390-484), De gubernatione Dei.

Voir, sur ses autres OEuvres, leurs diverses éditions et traductions, la *Bibliographie universelle.* Paris, Michaud, vᵉ *Salvien.*

96. Aurel. Cassiodori (470–563 après J.-C.), Variarum historiarum libri XII.

97. Jornandes, De origine actuque Getarum, *et* De regnorum ac temporum successione.

Jornandès, qu'on trouve écrit Jordanes et Jordanus, vécut au sixième siècle, et avait été notaire avant d'embrasser la vie monastique. Il a laissé les deux compilations historiques que nous venons de citer, et qui ont été publiées dans Muratori, *Rerum Ital. scriptores*, tom. I. — Une traduction française des Œuvres de Jornandès a paru dans la deuxième série de la Bibliothèque latine-française, publiée par M. Panckoucke, sous le titre :

97 *bis*. Jornandès, De la succession des royaumes et des temps, *et* De l'origine et des actes des Goths, trad. nouv. par Savagner, 1842, in-8°.

98. Paulus Warnefridus Diaconus († 799), De Gestis Longobardorum.

Publié dans Muratori, *Rerum Ital. scriptores*. Mediolani, 1723, in-fol., tom. I.

Auteurs modernes.

99. Grupen, Origines Germanicæ, Oder das aelteste Deutschland unter den Roemern, Franken und Sachsen. 1764, 3 vol. in-4°.

100. Gebauer, Vestigia juris germanici antiqui in Tacito obvia. Gœttingæ, 1766, in-8°.

101. Justus Moeser, Osnabrückische Geschichte. Berlin, 1780, 2 vol. in-8°.

102. J. C. Maier, Germanien's Urverfassung, 1798, in-8°.

103. J. C. Adelung, Aelteste Geschichte der Deutschen. Leipzig, 1806.

104. Barth, Teutschland's Urgeschichte. Baireuth, 1818-1820, 2 vol. in-8°.

105. Mannert, Geographie der Griechen und Roemer. 2ᵉ édit., 1820, 3 vol. in-8°.

106. Rühs, Ausführliche Erläuterung der ersten zehn Kapitel des Tacitus. Berlin, 1821.

107. J. D. Meyer, Esprit, origine et progrès des institu
tions judiciaires des principaux pays de l'Europe.
La Haye et Amsterdam 1818-1823. 2ᵉ édit. Paris,
1823, 5 vol. in-8ᵒ.

108. A. von Wersebe, Ueber die Völker und Völker-
bündnisse der alten Deutschen. Hannover, 1826, in-4ᵒ.

109. L. von Ledebur, Das Land und Volk der Brukterer.
Berlin, 1827, in-8ᵒ.

110. Die Germania des Tacitus, übersetzt und mit Anmerkungen von Bülau, Weiske und Leutsch. Leipzig,
1828.

111. Grimm, Deutsche Rechtsalterthümer. Gœttingen,
1828, 1 vol. in-8ᵒ.

112. Guizot, Histoire de la civilisation en France. Leçons IX et X. Voy. *Supra*, nᵒ 24.

113. Histoire de la législation des anciens Germains, par
Davoud Oghlou. Berlin, 1848, in-8ᵒ [1].

114. Mignet, La Germanie au huitième et neuvième siècle, sa conversion au christianisme, et son introduction dans la société civilisée de l'Europe occidentale.
(Notices et Mémoires historiques, vol. II. Paris, Paulin, 1843.)

115. Ozanam, Études germaniques pour servir à l'histoire
des Francs. Paris, Lecoffre, 1847-1849, 2 vol. in-8ᵒ.

116. Bethmann Hollweg, Ueber die Germanen vor der
Völkerwanderung. Bonn, 1850, in-8ᵒ.

117. Eichhorn, Deutsche Staats-und Rechtsgeschichte.

---

[1] Voir un article critique de cet ouvrage publié à Berlin, en
langue française, par un sujet ottoman, dans la *Bibliothèque de
l'École des chartes*, sér. B, tom II, p. 172-175.

1ʳᵉ édit., Gœttingue, 1808, 4 vol. in-8°; 6ᵉ et dernière édit., 1851, 2 vol. gr. in-8°.

118. Phillipps, Deutsche Reichs-und Rechtsgeschichte. München, 1845, 1 vol. 8°.

119. Mittermaier, Grundsætze des gemeinen deutschen Privatrechts. 1ʳᵉ édit., Landshut, 1815; 3ᵉ édit., *ibid.*, 1826; 4ᵉ édit., *ibid.*, 1830; 7ᵉ édit., Ratisbonne, 1847. 2 vol. in-8°.

Sources et monuments de droit.

120. La loi salique, *Pactus legis salicæ.*

La première rédaction a été faite par Clovis entre 481 et 496, avant sa conversion au christianisme, et lorsque les Francs-Saliens occupaient une partie des Pays-Bas, et notamment le Hainaut, le Brabant, la Toxandrie et une partie des Flandres, de la Zeelande et de la Hollande méridionale. Clovis, après sa conversion, y ajouta quelques titres, exemple qui fut suivi par ses successeurs immédiats Childebert et Clotaire.

La loi salique, ou Coutume des Francs-Saliens, fut revisée sous le règne de Charlemagne ; ce texte porte le nom de *Lex emendata,* à la différence de l'ancienne rédaction primitive, qui porte celui de *pactus antiquior,* ou *pactus legis Salicæ.*

Les nombreuses questions sur l'âge, la patrie, les divers manuscrits et les différentes rédactions de cette célèbre Coutume franque, ainsi que sur les dispositions de la loi même, sont traitées dans des ouvrages sans nombre. Les meilleurs, et ceux qui résument les progrès de la science jusqu'à ces jours, sont

a. Wiesand, De origine et natal. legis Salicæ. Lipsiæ, 1760.

b. Legrand d'Aussy, dans les Mémoires de l'Académie des sciences morales et politiques de l'an VII.

c. Peppe, Dissertation historique et critique sur l'origine des Francs-Saliens et de la loi salique. Anvers, an XIII, et Bruxelles, 1828.

d. Wiarda, Geschichte und Auslegung des Salischen Gesetzes. Bremen, 1808.

e. Ortloff, Von den Ausgaben und Handschriften des Salischen Gesetzes. Coburg und Leipzig, 1819.

f. Carion Nisas, De la loi salique. Paris, 1821.

g. Carl Türck, *Das Salfrænkische Volksrecht* (dans le cahier III de ses *Forschungen aus dem Gebiete der Geschichte.* Rostock et Schwerin, 1829).

h. Feuerbach, Die lex Salica und ihre verschiedene Recensionen. Erlangen, 1831.

i. Laspeyres, Lex Salica ex variis quæ supersunt recensionibus. Halæ Saxonum, 1833.

k. Herrman Muller, *Der* Lex Salica *und* Lex Angl. et Werinorum *Alter und Heimath.* Würzburg, 1840.

l. Pertz, dans l'*Archif der Gesellschaft für aelteste deutsche Geschichtskunde*, VII, p. 729 et suiv.

m. Henri Zœpfl, Sur l'origine et l'àge de la loi Salique, dans la Revue étrangère de Fœlix, mars 1841, p. 190 et suiv.

n. Pardessus, Loi salique, ou Recueil contenant les anciennes rédactions de cette loi, et le texte connu sous le nom de *Lex emendata.* Paris, Imprimerie royale, 1843, 1 vol. in-4°.

Cet important travail contient une préface de 80 pages sur tous les manuscrits et toutes les éditions connues de la loi salique, un commentaire de 824 notes, et 14 dissertations sur les points les plus remarquables du droit des Francs-Saliens.

o. Les articles critiques de M. Guérard sur la loi Salique dans le Journal des Savants de l'année 1843.

p. Georg. Waitz, Das alte Recht der Sal-Franken. Kiel, 1846.

q. Grimm, De historia legis Salicæ. Bonn, 1848, in-4°.

r. J. Merkel, Lex Salica, avec une préface de Jacob Grimm. Berlin, 1850. Le texte le plus récent.

121. La loi des Allemans. *Lex Allemannorum*, rédigée une

première fois [1] sous Clotaire Ier (558-561), revisée sous Dagobert (628-638), puis sous le duc Lantfrid († 730), et une dernière fois sous le règne de Charlemagne.

a. Bluntschli, Staats-und Rechtsgeschichte der Stadt und Landschaft Zürich. Zürich, 1859.

b. J. Merkel, De Republica Alamannorum commentarii. Berolini, 1849.

La dernière édition de cette loi, publiée par M. Merkel, en 1851, se trouve dans le recueil de Pertz, *Monumenta Germaniæ historica.* Hanovre, 1826 et années suiv. Tom. XII (Legum, tom. III), fascic. 1.

122. La loi des Bavarois, *Lex Bajuvariorum;* rédigée en 635, sous Dagobert, et complétée sous [les règnes de Pépin le Bref et du duc Tassilon.

a. Rudhart, Abriss der Geschichte der Baierischen Gesetzgebung. München, 1820.

b. Winter, Ueber die aeltesten Gesetze der Bajuvaren. Landshut, 1823.

c. Wittmann, Die Bajovarier und ihr Volksrecht. München, 1837.

d. Rudhart, Ælteste Geschichte Bayern's. Hamburg, 1841, in-8°.

e. P. R. Roth, Ueber die Entstehung der *Lex Bajuvariorum.* München, 1848.

M. Merkel s'occupe d'une nouvelle édition de cette Loi pour les *Monumenta Germaniæ historica,* de Pertz.

123. La loi des Saxons, *lex Saxonum;* rédigée sous le règne de Charlemagne.

a. Gaertner, Saxonum leges tres quæ exstant antiquissimæ. Lipsiæ, 1730.

b. Einert, Fragmenta observationum ad legem Saxonum. Lipsiæ, 1779.

---

[1] Quelques érudits reportent la première rédaction au règne de Thierri, roi d'Austrasie (511-534).

c. Von Sydow, Das Erbrecht des Sachsenspiegels. Berlin, 1828.

d. Gaupp, Recht und Verfassung der alten Sachsen, in Verbindung mit einer kritischen Ausgabe der *Lex Saxonum*. Breslau, 1837.

e. Hildebrand, De veterum Saxonum republica. Vratislaviæ, 1836.

124. La loi des Frisons, *lex Frisionum;* rédigée sous le règne de Charlemagne.

a. Lex Frisionum, edit. et notis illustrata a Sibrand Siccama. Franequeræ, 1617, in-4°.

b. Wiarda, Geschichte des alten Friesischen Gesetzes. Aurich, 1811.

. Carl Türck, Das altfriesische Volksrecht (*cahier V de ses* : Forschungen aus dem Gebiete der Geschichte).

d. Gaupp, Lex Frisionum. Vratislaviæ, 1832.

e. Von Wicht, Vorbericht zum Ostfrisischen Landrecht.

Cette première loi des Frisons, ainsi que leurs Coutumes des siècles postérieurs, se trouvent dans les collections de droit Frison suivantes :

f. De Haan Hettema, Jurisprudentia frisica. Leeuwaarden , 1834-36.

g. Oude friesche wetten, publiées par la Société frisonne d'histoire, d'antiquités et de philologie. Leeuwaarden, 1846-47.

h. Friesische Rechtsquellen von Dr Karl Freiherrn von Richthofen. Berlin, 1840, 1 vol. in-4.

On peut consulter encore avec fruit les travaux de la Société de Groningue : *Pro excolendo jure patrio,* notamment les travaux de MM. *De Rhoer* et *Van Halsema,* dans les tomes II et III des Mémoires de cette Société ; et les Coutumiers du pays de Groningue, publiés par MM. Koning et Feith, dans le t. VI.

125. La loi des Thuringiens, *lex Angliorum et We-*

rinorum; rédigée sous le règne de Charlemagne [1].

a. Kraut, Ueber die *Lex Angliorum et Werinorum* (*Eranien,* livrais. III), 1828.

b. Gaupp, Das alte Gesetz der Thüringer oder die *Lex Anglorum et Werinorum*, hoc est *Thuringorum,* in ihrer Verwandtschaft mit der *Lex Salica* und *Lex Ripuaria* dargestellt und mit erklærenden Anmerkungen herausgegeben. Breslau, 1834.

c. Herman Müller, Der *Lex salica* und *Lex Anglorum et Werinorum* Alter und Heimath. Würzburg, 1840.

126. Les lois des Lombards; *leges Langobardicæ.*

Ce code est un recueil chronologique des lois et édits des rois Lombards depuis Rothaire qui, le premier (643), avait fait rédiger par écrit les Coutumes de son peuple sous le nom de *Edictum Rotharis,* jusqu'à Charlemagne. En 1832, M. Iroga, de Naples, a découvert des manuscrits contenant des Constitutions inédites des rois Lombards [2]. Ces matériaux ont été utilisés par un savant de Turin, M. Baudi di Vesme, qui a donné la plus récente et la meilleure édition des Lois des Lombards, sous le titre :

a. Edicta regum Longobardorum edita ad fidem optimorum Codicum. Turin, 1846.

M. Merkel, de Berlin, en rendant, dans l'*Archivio storico* (Append. XV, p. 692), compte de cet ouvrage, a donné de précieux renseignements sur la législation de ce peuple.

Outre cette collection chronologique, il existe une compilation méthodique des lois Lombardes, faite par un praticien du onzième ou douzième siècle, connue sous le nom de *Lex Lombarda* ou de *Lombarda* tout court, qui a joui d'une grande faveur en Italie. Au treizième siècle, vers 1208, elle a été revêtue

---

[1] La publication la plus récente du texte de cette loi a été faite par Merkel. Berlin, Besser, 1852, 11 pages in-8°.

[2] *Kritische Zeitschrift für Rechtsw. des Auslandes,* V, p. 84.

d'une glose par Charles de Tocco ; de même qu'André de Ba-
rulo, avocat fiscal à Naples, enrichit un peu plus tard (1250) la
collection chronologique d'une glose très-estimée ; preuves ir-
récusables de l'usage général et répandu de la législation Lom-
barde dans toutes les parties de l'Italie.

La *Lombarda* se trouve dans toutes les collections des lois
barbares, ainsi qu'à la suite de quelques éditions du *Corpus ju-*
ris civilis. Elle fut imprimée pour la première fois à Venise,
1537, in-8°.

b. Carl Türck, Das Langobardische Volksrecht (dans le cahier IV
de ses *Forschungen*).

c. Le même, Die Langobarden und ihr Volksrecht. Rostock,
1835.

d. Leo, Geschichte von Italien, I, p. 83 et suiv.

e. E. von Koch-Sternfeld, Das Reich der Longobarden in Italien. München, 1839, in-4°.

f. Merkel, Die Geschichte des Longobardenrechts. Berlin, 1850.

g. Flegler, Das Koenigreich der Longobarden in Italien. Leipzig,
1851.

M. Merkel s'occupe, en ce moment, d'une nouvelle édition
des Lois lombardes, pour le recueil de M. Pertz.

127. Les lois des Anglo-Saxons.

Recueil des lois données en Angleterre, du sixième au onzième siècle, par les rois Saxons et Danois, depuis Aethylbyrth
jusqu'à Cnut, publié en latin par Wilkins, sous le titre de :

a. Leges Anglo-Saxonum ecclesiasticæ et civiles. Londini, 1721,
in-folio.

Ce texte latin se trouve aussi dans :

b. Houard, Traités sur les coutumes anglo-normandes publiées
en Angleterre depuis le onzième jusqu'au quatorzième siècle.
Paris, 1776, 4 vol. in-4°.

c. Schmidt, Die Gesetze der Angelsachsen. Leipzig, 1832, in-8°.

Le gouvernement anglais a fait publier, en 1840, les textes originaux des lois anglo-saxonnes, sous le titre de :

d. Ancient laws and institutes of England; comprising Laws enacted under the Anglo-Saxon Kings from Æthelbirth to Cnut ; the laws called Edward the confessor's ; the Laws of William the Conqueror and those adscribed to Henry the first ; also *Monumenta ecclesiastica anglicana*, from the seventh to the tenth century ; and the ancient latin version of the Anglo-Saxon Laws, with a compendious glossary. London, 1840, 1 vol. in-folio.

On peut utilement consulter sur la législation des anciens Anglo-Saxons :

e. Turner, The History of the Anglo-Saxons. London, 1812.

f. Reeves, History of english law. London, 1814.

g. Phillips, Versuch einer Darstellung der Geschichte des Angelsæchsischen Rechts. Goettingen, 1825.

h. Crabb, History of english law. London, 1829.

i. Palgrave, Rise and progress of the English commonwealth. London, 1832.

k. J. M. Lappenberg, Geschichte von England. Hamburg, Perthes, 1834-37 ; 2 vol. in-8.

l. Kemble, Codex diplomaticus ævi Saxonici. London, 1839, 4 vol. in-8°.

m. Kemble, The Saxons in England. London, 1849, 2 vol. in-8°.

PARTIE III.

ÉPOQUE FRANQUE.

Auteurs anciens.

128. Pauli Orosii (420), Historiarum adversus paganos libri septem.

129. Sidonii Apollinaris (430-488), Epistolarum libri decem, et carmina.

130. Gregorii episcopi Turonensis (544-595), Historiæ ecclesiasticæ Francorum, libri X.

> Publié par Ruinart, Paris, 1699, in-fol. ; par dom Bouquet, *Recueil des histor. des Gaules*, t. II; par la Société de l'histoire de France, ʹavec une traduction, Paris, 1836-38, 4 vol. in-8°.

131. Anonymi cujusdam Burgundionis seculi VII (Fredegarii scholastici) Historia Francorum Gregorii episcopi Turonensis epitomata (aa. 450-584), et ejusdem *Chronicon* (aa. 583-768).

132. Flacci Alcuini (736-804), Epistolæ CCCX.

133. Ermoldi Nigelli (834) in honorem Hludovici Christ. Cæsaris Augusti carminis libri IV.

134. Nithardi († 858) Historiarum libri IV.

135. Astronomi vita Hludovici Imperatoris.

136. Einhardi S. Eginhardi, Vita Karoli Magni; Epistolæ LXIII.

Les quatre derniers auteurs ont été édités par Pertz, *Monum. Germ. historica, Scriptorum*, t. II.

137. Aimonii monachi Floriacensis (1002), De gestis regum Francorum libri IV.

138. Monachi Sangallensis cujusdam de gestis Karoli M. libri II. (Pertz, *ibid.*, t. II.)

139. Chronicon Moissiacense (du quatrième siècle jusqu'en 818). (Pertz, t. I, p. 280 et suiv.)

140. Reginonis abbatis Prumensis († 915), Chronicon (jusqu'en 907). (Pertz, t. I, p. 537 et suiv.)

Auteurs modernes.

141. And. et Franc. Duchesne, Rerum Gallicarum scriptores. Paris., 1636-1641, 5 vol. in-fol.

142. Dom Mart. Bouquet, Recueil des historiens des Gaules et de la France. Paris, 1738-1840, 20 vol. in-f°. Voir *suprà*, n° 43 [1].

143. Collection des mémoires relatifs à l'histoire de France, depuis la fondation de la monarchie française jusqu'au treizième siècle, avec une Introduction, des suppléments, etc., par M. Guizot. Paris, 1823-1835, 31 vol. in-8°.

---

[1] Ce recueil commencé par Dom Bouquet, et dont la continuation est depuis longtemps confiée à l'Académie des inscriptions et belles-lettres, va être augmenté très-prochainement d'un vingt-unième volume. Voir le rapport de M. Naudet, du 14 janvier 1853, sur les travaux des Commissions pendant le deuxième semestre de 1852. (*Journal des Débats*, 8 février 1853.)

CHAPITRE I.

ÉLÉMENT ROMAIN.

144. Le Code romain d'Alaric II, roi des Visigoths; *lex romana Visigothorum*.

Cette collection, qui fut faite par ordre d'Alaric II pour servir de loi aux populations gallo-romaines de son royaume, et publiée en 506, porte aussi les noms de *Theodosii constitutionum libri*, *Corpus Theodosianum*, *Lex Theodosiana* et *Liber legum*. Les noms de *Breviarium Alaricianum* et de *Breviarium Aniani*, d'après Anien, référendaire d'Alaric, ne furent donnés à cette compilation qu'au seizième siècle.

Ce Code est resté en vigueur dans la France méridionale longtemps après que le royaume visigoth avait péri, et il a lutté avec avantage contre l'autorité du véritable Code Théodosien. Les peuples de la Gaule l'appelaient tout court *Lex Romana*.

La première édition complète du Bréviaire d'Alaric est de Sichard :

a. Codicis Theodosiani libri XVI cum Commentariis Aniani. Basil., 1528, in-folio.

M. Haenel, qui a parcouru tous les pays où le Bréviaire d'Alaric avait été en vigueur, et où il croyait pouvoir trouver des manuscrits, a découvert des textes inconnus, dont il a rendu compte dans la *Thémis*, tom. VIII, p. 209, et tom. IX, p. 155. Ce savant a couronné ses travaux par une nouvelle et excellente édition du Code d'Alaric :

b. Lex romana Visigothorum, ad LXXVI librorum M.S. fidem recognovit, septem ejus antiquis epitomis, quæ præter duas adhuc ineditæ sunt, titulorum explanatione auxit, annotatione, appendicibus, prolegomenis instruxit Gustavus Hænel, Lipsiensis. Lipsiæ, Teubner, 1848, 1 vol. in-4°.

3.

145. La loi romaine des Burgondes, *lex romana Burgundionum;* appelée vulgairement *Papiani responsum, Papiani liber responsorum.*

Ce Code, promulgué de 517 à 534, par le roi Burgonde Sigismond, fils de Gondebald, était approprié aux besoins de ses sujets gallo-romains, habitant les contrées occupées par les Burgondes, c'est-à-dire la haute Alsace (le Sundgau), la Bourgogne, la Franche-Comté, et une notable partie de la Suisse. Les quarante-six titres de la plupart des manuscrits correspondent aux titres de la loi nationale des Burgondes, rédigée sous le règne de Gondebald, en 501.

Cujas a le premier [1] publié ce code romain des Barbares, sous le nom de Papinien ou Papien; mais M. de Savigny, et d'après lui une foule de savants, ont eu tort de croire que c'est Cujas qui a donné ce nom au Code romain des Burgondes, attendu que la Bibliothèque de Berlin possède, sous le n° 270, un manuscrit de ce code du neuvième siècle, qui porte également le titre de *Papinianus liber responsorum* [2].

On trouve le texte de ce Recueil dans :

a. Schulting, Jurisprudentia antejustinianea (V. *suprà*, n° 74), p. 287.

b. Jus civile antejustinianeum. (V. *suprà*, n° 75.) Vol. II, p. 1501.

La meilleure édition, collationnée sur tous les textes imprimés, et enrichie d'un commentaire, est la :

c. Lex Romana Burgundionum, publiée par Barkow. Greifswalde, 1826.

146. Petri exceptiones legum romanarum.

Ce livre, d'environ 100 pages, renferme une exposition très-succincte du droit romain d'après les collections justiniennes. Il

---

[1] A la suite de son édition du Code Théodosien. Lyon, 1566.
[2] V. Klenze, dans *Zeitschrift für geschichtliche Rechtswissenschaft*, t. IX, p. 236.

est divisé en quatre parties : 1° Des personnes ; 2° Des contrats ; 3° Des délits ; 4° De la procédure. Les textes sont, pour la plupart, modifiés et très-abrégés; de là le nom d'*exceptiones* dans le sens de *excerptiones* [1], *excerpta*. Ce livre de droit a été composé par un légiste du nom de Petrus, en vue de l'exercice de la justice sur le territoire de Valence, et dédié à un magistrat de cette ville, le vicaire Odilon. On n'est pas tout à fait d'accord sur son âge. M. de Savigny, qui a donné de la notoriété au livre de Petrus, imprimé pour la première fois à Strasbourg en 1500, en le réimprimant dans le deuxième tome de son *Histoire du droit romain au moyen âge*, l'attribue à la dernière moitié du onzième siècle, tandis que M. Laferrière [2] lui assigne le commencement du douzième.

Ce qui rend le livre de Petrus remarquable, c'est que lui et le Décret d'Yves de Chartres sont les premiers monuments en France où les collections justiniennes soient employées et citées expressément.

[1] Nous pensons que l'orthographe originaire était *Excerptiones*, et que l'ignorance ou la négligence des copistes en a fait *Exceptiones*. Ce qui nous confirme dans notre supposition, c'est que le *Recueil des lois canoniques*, composé à peu près vers la même époque par Yves, évêque de Chartres, et connu vulgairement sous le nom de *Decretum*, portait d'abord le titre de *Excerptiones ecclesiasticarum Regularum*. Petrus et Yves, l'un excité par l'autre, ont voulu donner un extrait des lois romaines et canoniques pour ensemble servir de guide tant aux tribunaux ecclésiastiques que temporels.

[2] *Hist. du droit français*, t. IV, p. 295 et suiv.

CHAPITRE II.

ÉLÉMENT GERMANIQUE.

Les quatre Codes germaniques qui suivent ayant eu force de loi sur notre territoire, et formant, pour ainsi dire, une source directe du droit français, ont été placés par nous parmi les sources de l'époque franque.

147. La loi Salique revisée par Charlemagne.

Nous avons dit plus haut ce qui a rapport à cette nouvelle loi Salique réformée. Nous renvoyons, par conséquent, au n° 120.

148. La loi Ripuaire ; *lex Ripuariorum*.

Cette coutume des Francs Ripuaires fut rédigée une première fois entre 511 et 554, sous Théodoric ou Thierri, roi d'Austrasie ; augmentée par Childebert et Clotaire, elle fut revisée par Dagobert au septième siècle, et par Charlemagne au neuvième, ou du moins ce monarque y ajouta quelques parties, s'il ne soumit point toute la loi à une révision complète[1].

a. Weber, De legibus Salica et Ripuaria commentatio. Heidelberg, 1821.

b. Rogge, Observationes de peculiari legis Ripuariæ cum Salica nexu. Regiomonti, 1824.

149. La loi des Burgondes, loi Gombette ; *lex Burgundionum.*

---

[1] Telle est l'opinion de Gaupp, *Das alte Gesetz der Thüringer*, p. 228 (V. *suprà*, n° 125, *b*) ; et de Feuerbach, *Die Lex Salica und ihre verschiedene Recensionen*, p. 109 (V. *suprà*, n° 120, *h*).

Rédigée d'abord dans les premières années du sixième siècle par Gondebald († vers 515), complétée et augmentée par Sigismond son fils († 523), et par Godomar, dernier roi des Burgondes (524-534).

a. Thémis, II, p. 505 et 401.

b. Carl Türck, Altburgund und sein Volksrecht, dans ses *Forschungen*, cahier II. Rostock et Schwerin, 1829.

150. La loi des Visigoths ; *Codex legis Visigothorum.*

Le recueil des coutumes nationales des Visigoths, appelé également *Forum judicum* et *Fuero juzgo*, date du septième siècle, mais il a été augmenté par plusieurs constitutions de rois visigoths. C'est, de toutes les lois germaniques, la plus complète et la plus systématique ; elle fait encore aujourd'hui le fond du droit espagnol et portugais.

Rédigé à une époque où les rois visigoths avaient depuis longtemps transporté le siége de leur gouvernement en Espagne [1], ce code régit néanmoins les habitants visigoths de cette partie de la Gaule méridionale qui, sous le titre de Septimanie ou de Gothie, resta sous la domination des Visigoths, après la défaite d'Alaric II par Clovis.

La plus ancienne rédaction connue, faite sous le roi Reccared (586-601), qui remplaça l'arianisme par le catholicisme, a été publiée par :

a. Friedrich Blume, Die Westgothische *Antiqua*, oder das Gesetzbuch Reccared des Ersten. Halle, 1847, in-8.

La majeure partie de la *Lex Visigothorum*, telle qu'elle nous est parvenue, date des règnes de Chindasvinde et de Recesvinde (642-672). Les rois suivants n'y ont fait que des additions.

Vers le milieu du treizième siècle ce Code fut traduit en espagnol du moyen âge :

---

[1] Il est vrai qu'Isidore rapporte que les premières coutumes des Visigoths furent recueillies sous le roi Euric († 482); mais cette assertion n'a pas été confirmée par d'autres témoignages.

b. Forus antiquus Gothorum regum Hispaniæ, olim liber judicum, hodie *Fuero juzgo* nuncupatus, auctore Alfonso A. Villadiego. Madrid, 1600, in-fol.

Une excellente édition, précédée d'une remarquable introduction historique, par Lardizabal[1], a été publiée par l'Académie de Madrid, sous le titre :

c. Fuero juzgo en latin y castellano, cotejado con los mas antiguos y preciosos Codices por la real Academia española. Madrid, 1815, in-folio.

On consultera avec fruit :

d. Amaral, dans les *Memorias de literatura portugesa publicadas pela Academia de Lisboa,* 1792, vol. VI, p. 127 et 430.

e. Rühs, *Ueber die Gesetze der Westgothen.* Greifswalde, 1801.

f. Mellii Freirii, Historia juris Lusitani. 4e édit., Lisbonæ, 1806, in-4°.

g. Marina, *Ensayo historico critico sobre la antigua legislacion y principales cuerpos legales de los reynos de Leon y Castilla.* Madrid, 1808, et 1834, 2 vol. in-4°.

h. Juan Sempere, *Historia del derecho español.* Madrid, 1822, 2 vol. in-4°.

i. Zuasnavar, *Ensayo historico sobre la legislacion de Navarra.* San Sebastian, 1827, 3 vol. in-4°.

j. Guizot, Sur la législation des Visigoths (*Revue française,* nov. 1828), p. 203-244.

k. Carl Türck, *Das Westgothische Gesetzbuch,* dans le premier cahier de ses *Forschungen aus dem Gebiete der Geschichte.* Rostock et Schwerin, 1829.

---

[1] *Discurso sobre la legislacion de los Visigodos y formacion del libro o Fuero de los jueces,* para D. Manuel de Lardizabal. Madrid, 1815.

Les principales collections contenant les lois barbares sont :

151. Herold, Originum ac germanicarum antiquitatum libri. Basil. et Paris., 1557, in-f°.

152. Du Tillet, Aurei venerandique antiquitatis libelli. Paris., 1573, in-8°.

153. Lindenbrog, Codex legum antiquarum. Francof. 1613, in-f°.

154. Georgisch, Corpus juris Germanici antiqui. Halæ, 1738, in-4°.

155. Canciani, Barbarorum leges antiquæ. Venetiis, 1781-1792, 5 vol. in-fol.

156. Walter, Corpus juris Germanici antiqui. Berolini, 1824, 3 vol. in-8°.

CHAPITRE III.

ÉLÉMENT CANONIQUE.

Dès le deuxième siècle, le christianisme trouva des adeptes dans la Gaule romaine. Grégoire de Tours [1] raconte que, vers le milieu du second siècle, deux Grecs de l'Asie Mineure, saint Potin et saint Irénée, sont venus prêcher l'Evangile dans la vallée du Rhône, qu'ils s'étaient établis à Lyon et à Vienne, et avaient répandu le christianisme dans la province Lyonnaise et la province Viennoise. Mais ces missions, d'origine grecque, et qui ne se sont pas étendues au delà des montagnes qui encadrent le Rhône et ses affluents, n'ont pas été les seules origines du christianisme dans les Gaules, comme l'ont affirmé jusqu'à ce jour les auteurs des histoires ecclésiastiques [2].

Il est avéré aujourd'hui qu'il y a eu des communautés de chrétiens en 140 au Mans, en 160 à Autun, et en 198 à Besançon. Malgré de cruelles persécutions, telles que le supplice de saint Sever, évêque de Vienne, qui périt en 202 avec de nombreux martyrs de la nouvelle foi, le christianisme se répandit de plus en plus dans les Gaules. Confirmé au commencement du quatrième siècle par l'empereur Constantin, qui fit du nouveau dogme la religion dominante de l'empire, encouragé et propagé par les Burgondes et les Goths, quoique Ariens, il eut son triomphe définitif par la conversion de Clovis (496) [3].

---

[1] *Historia Francorum*, t. 1, p. 27 (D. Bouquet, *Recueil des histor.*, t. II).

[2] Tillemont, *Mémoires pour servir à l'histoire ecclésiastique*. Paris, 1639, in-4°, t. III, p. 35 et suiv.

[3] Il ne faut cependant pas croire que dès cette époque le paganisme fût entièrement détruit. En 544, le roi Childebert Iᵉʳ se vit encore forcé de publier une constitution contre l'idolâtrie. *Childeberti I regis Constitutio* (Pertz, t. III, p. 1).

Outre la fondation des évêchés [1], il y eut encore celle des monastères, qui fut autant un puissant moyen d'établir et de propager la foi nouvelle, qu'un merveilleux moyen de civilisation et de progrès matériel.

L'histoire des établissements monastiques fournit un des exemples les plus frappants de la valeur relative des institutions humaines ; car ces couvents, si mal vus de nos jours dans les parties de l'Europe où ils n'ont pas encore été entièrement supprimés, furent cependant, il y a mille ans, le plus puissant moyen de civilisation dans l'Europe occidentale et centrale. Etablis sur des hauteurs sauvages, au milieu de forêts incultes, les moines défrichèrent le sol, le sillonnèrent par la charrue, et de vastes solitudes, où la hache n'avait jamais retenti, se changèrent comme par enchantement en fertiles campagnes, en riches moissons et en riants pâturages. Mais en dehors de ce que les centres cénobitiques firent pour la propagation de la foi chrétienne, en dehors de ce qu'ils firent pour la culture du sol, ils rendirent encore au monde barbare du moyen âge l'immense avantage de lui transmettre, en partie du moins, les connaissances du monde antique. On y conservait les manuscrits, on les multipliait par des copies, on y rédigeait les chroniques sur les faits contemporains ; enfin, on y enseignait ce qu'on appelait alors les Sept arts libéraux, le *trivium*, composé de la grammaire, de la rhétorique et de la philosophie, et le *quadrivium*, comprenant la musique, l'arithmétique, la géométrie et l'astronomie. Ainsi, tour à tour champion de la foi, missionnaire ardent, contemplateur religieux, laboureur, lettré ou professeur, le moine passait des découvertes et des missions lointaines à la solitude de la cellule, de l'église à l'atelier, de la culture des champs à l'étude des lettres.

[1] Le premier évêché fut celui de Lyon, fondé au deuxième siècle. Au troisième siècle il y avait déjà quarante siéges épiscopaux dans les Gaules ; lors de l'invasion des Germains il y en avait quatre-vingt-trois. Voir Guérard, *Essai sur le système des divis. territor. de la France.* Paris, 1831, p. 125. *Annuaire historique* pour 1838, p. 57.

Ce n'est pas le lieu de s'étendre sur l'influence immense que
le christianisme et la nouvelle Eglise ont exercée sur le développement de l'Europe barbare, sur ses mœurs, sur ses lois, sur
la vie privée et publique. Nous n'avons à nous occuper ici que
de l'influence exercée sur la formation du droit français. Cette
influence, nous la concentrons sous la dénomination d'élément
canonique. Un mot seulement sur l'emplacement que nous
avons assigné à cet élément.

Comme à aucune époque l'action de l'Eglise n'a été aussi
universelle, son influence aussi décisive sur les relations de la
vie des peuples, son intervention aussi directe dans les prescriptions du droit civil, que pendant le laborieux enfantement
de la monarchie française, pendant la période franque; nous
avons rangé l'élément canonique dans cette période, quoique
le premier concile dans les Gaules, celui d'Arles, date de
l'an 314, et que les principaux recueils du droit canonique
n'aient été publiés qu'après le onzième siècle. Bien donc que
l'élément canonique ait exercé son influence avant et après la
période qui nous occupe, nous avons jugé convenable, pour ne
pas disperser les matériaux, de réunir, en ce lieu, toutes les
sources nécessaires pour faire comprendre l'action de l'élément
canonique sur la formation de notre droit national.

Pour les historiens, les collections, les commentateurs et les
autres notions bibliographiques du droit ecclésiastique, ainsi
que pour les éditions du *Corpus juris canonici*, nous renvoyons à la *Bibliothèque choisie des livres de droit* de Camus,
revue et augmentée par M. Dupin, 5e édit., Paris, 1832,
nos 2604-3017, qui est l'une des parties les plus soignées de
ce livre indispensable.

Nous recommandons d'y joindre les détails historiques et
bibliographiques sur cette matière, que M. Giraud a rassemblés
dans son *Essai sur l'histoire du droit français au moyen âge*,
t. I, pag. 357-388.

Pour se former une notion exacte des différentes sources du
droit canonique, indépendamment de l'Ancien et du Nouveau

Testament[1], il faut suivre pas à pas la formation et la constitution de l'Eglise catholique.

Dans l'origine, la forme des nouvelles communautés était entièrement démocratique, et chaque membre était admis à voter en commun les règles concernant le nouveau culte. C'est de cette première époque que datent les premiers canons de l'Eglise, car κανων signifie en grec *norme*, *règle*; de là aussi le nom de Droit et de Législation *canonique*.

Bientôt cette forme démocratique fit place à une constitution aristocratique; une hiérarchie cléricale se forma et s'érigea en caste distincte des laïques; c'est l'époque des assemblées connues sous le nom de *synodes* et de *conciles*, où le clergé siégeant seul et souverainement dictait ses dogmes et ses lois à la chrétienté.

Il faut ensuite distinguer les conciles œcuméniques dont les canons liaient tout le monde chrétien, et les conciles nationaux et provinciaux qui, composés seulement du clergé d'une nation ou d'une province, n'étaient souverains que pour leur territoire. Ces dernières sortes de synodes toutefois s'occupaient beaucoup plus des relations de la vie civile, et avaient une influence plus marquée sur la formation de notre droit civil que les prescriptions des conciles œcuméniques, qui réglaient plutôt la foi, les mœurs et la discipline de l'Eglise comme société spirituelle[2].

Enfin, au huitième siècle, l'Eglise prit la forme monarchique. L'évêque de Rome, sous le nom de Pape, se déclara le seul représentant visible de Jésus-Christ sur la terre, et l'Eglise d'Occident le proclama chef suprême de l'Eglise. Dès lors on appliqua au Pape l'adage: « Quod Papæ (principi) placuit legis habet vigorem », et ses ordonnances appelées *décrétales*

---

[1] Cette influence de la Bible sur le Droit a été parfaitement démontrée par M. Giraud, *Essai sur l'hist. du droit franç.*, etc., t. I, p. 353 et suiv.

[2] Cette importance relativement plus grande des conciles nationaux et provinciaux a été bien signalée par M. Laferrière, *Hist. du droit civil de Rome et du droit français*, t. III, p. 359 et suiv.

(*litteræ decretales*), ou, selon leur forme extérieure, *bulles* ou *brefs*, devinrent la principale source du droit canonique.

Les plus anciens recueils des canons qui nous soient parve-nus sont les :

157. *Canones Apostolorum.*

Cette collection de 85 canons avait été faussement attribuée aux apôtres eux-mêmes , témoin le décret de Gratien [1].

Depuis, si l'on avait reconnu que les apôtres n'en avaient point été les auteurs, on lui attribua du moins une origine qui re-montait au delà du concile de Nicée (325). La science moderne a fait justice de ces erreurs. La collection dont il s'agit n'a été faite qu'au cinquième siècle, en Syrie, et il est plus que probable qu'elle n'a pas été arrangée en une seule fois et par la même personne [2].

Ce recueil doit ne pas être confondu avec les :

158. *Constitutiones apostolicæ;* collection grecque qui ne fut traduite en latin et connue dans l'Europe occiden-tale qu'au seizième siècle; œuvre dogmatique repo-sant sur les traditions des trois premiers siècles de l'Église, et compilée depuis la moitié du deuxième jusqu'à la fin du quatrième siècle [3].

Voir, sur les divers recueils des constitutions apostoliques :
a. Permaneder , Handbuch des gemeingültigen katholischen Kirchenrechts. [Landshut, 1846, vol. II, § 110, et les auteurs par lui cités.

159. *Codex canonum Ecclesiæ universæ;* premier Code

---

[1] C. 3. D. XVI.

[2] Krabbe, *Diss. de codice canonum, qui apostolorum nomine cir-cumferuntur.* Göttingæ , 1829, p. 5-8. Drey, *Neue Untersuchungen über die Constitutionen und Canones der Apostel.* Tübingen, 1832, p. 345 et 357.

[3] Voir *Geschichte der Rechtsverfassung Frankreichs,* von Wil-helm Schæffner. t. I, p. 55.

universel de l'Église d'Occident, et généralement suivi dans les Gaules jusqu'au règne de Charlemagne.

Ce recueil avait été primitivement composé en langue grecque, pour l'usage de l'Eglise d'Orient, et est connu sous le titre de *Codex Ecclesiæ græcæ primitivus* ; il ne contenait que les canons des conciles de Nicée, d'Ancyre, de Néo-Cæsarée, de Gangre et d'Antioche. Plus tard on refit ce recueil à l'usage de l'Occident, en rangeant les canons des conciles par ordre chronologique, et en y ajoutant ceux de Constantinople (384), d'Ephèse (431) et de Chalcédoine (451). Sanctionnée par la Novelle 131 de Justinien, augmentée des canons du concile de Sardique (347), très-favorables à la suprématie de l'évêque de Rome, et traduite déjà plusieurs fois en latin [1], mais sans autorité suffisante, le pape saint Léon fit traduire cette collection de nouveau vers 460. Elle existe dans l'édition générale de ses Œuvres [2].

160. *Corpus canonum* ou *Codex vetus Ecclesiæ romanæ*.

Ce monument, important pour le droit ecclésiastique de l'ancienne France, s'appelait aussi *Codex Dionysianus*, de son premier compilateur (*Dionysius Exiguus* † 536) Denys le Petit, un moine de la Scythie, qui composa ce recueil à Rome, dans les premières années du sixième siècle ; et *Codex Hadrianus*, parce que le pape Adrien le fit reviser à la fin du huitième siècle, et en fit solennellement don à Charlemagne, en 784.

A partir de cette époque, il devint la loi générale de l'empire franc, et, depuis, le fond du droit ecclésiastique de l'Eglise gallicane.

Voir, sur le Code de Denys le Petit :

---

[1] Sous le nom de *Prisca canonum versio*. Il en existe plusieurs éditions; dans Voel et Justel, *Bibliotheca juris can. veteris*, t. I, p. 275 et suiv.; dans Ballerini, *Opp. S. Leonis*, t. III, p. 473 et suiv.; dans Jo. Dom. Mansi, *Coll. can.*, t. VI, col. 1065 et suiv.

[2] *S. Leonis opera* (édit. de Quesnel), Lyon, 1750 ; édit. des frères Ballerini, Venise, 1755 à 1757, 3 vol. in-fol.

a. Permaneder, *loc. cit.*, § 123 et 132, ainsi que les auteurs et
éditions cités en ces endroits.

Nous ne comprenons point parmi les monuments du droit
canonique les sources apocryphes. A cet égard nous renvoyons
à M. Laferrière, *Hist. du droit franç.*, t. III, p. 445 ; Giraud,
Hist. du droit franç. au moyen âge, t. I, p. 372 ; Gengler,
Deutsche Rechtsgeschichte im Grundrisse. Erlangen, 1850,
p. 411 et suiv., et les autres auteurs cités en ces endroits.

Les canons des conciles nationaux et provinciaux de l'Eglise
de France ou gallicane ont été recueillis, d'après de nombreux
anciens manuscrits, dans les collections suivantes :

161. Antiqua Galliæ concilia; opera et studio Jacobi Sir-
mondi. Lutet. Paris., 1629, 5 vol. in-fol.

Un volume de supplément a été publié par le P. de la Lande,
1666, 1 vol. in-fol.

162. Conciliorum Galliæ tam editorum quam ineditorum
collectio, temporum ordine digesta ab anno 177 ad
annum 1563, cum epistolis Pontificum, etc., opera et
studio monachorum congreg. St. Mauri. Parisiis, 1789,
1 vol. in-fol.

La révolution a arrêté ce grand travail, qui devait avoir six à
sept volumes, et qui cesse à la collection 680 du second volume
et à l'année 757. Le principal auteur était Daniel-Pierre Labat,
bénédictin des Blancs-Manteaux, mort à Saint-Denis, en 1803.

Pour les recueils appartenant aux conciles de province, ainsi
que pour les recueils généraux de tous les conciles, nous renvoyons à la Bibliothèque de Camus, 5ᵉ édit., Paris, 1832,
nᵒˢ 2628 et suiv.

Quant aux Constitutions papales, elles ont été réunies
dans le :

163. *Bullarium romanum magnum*, publié d'abord à
Lyon, 1692, 5 vol. in-fol., depuis à Luxembourg, de
1727 à 1748, 15 vol. in-fol.

Du onzième au seizième siècle parurent les monuments suivants :

164. Decretum Gratiani.

Ce Recueil, qui est devenu la pierre angulaire du *Corpus juris canonici*, et qui fut aussi vulgairement appelé *Corpus decretorum*, est dû au travail d'un moine bénédictin, du nom de Gratien, né à Chiusi près de Florence ; et mort à Bologne vers 1160. Ce Recueil, publié vers 1151, sous le titre de *Concordia discordantium canonum*, jouit dès son apparition d'une immense faveur et fit le fond de l'enseignement du droit ecclésiastique. Et cependant le bénédictin n'avait point recherché les sources pures de l'antiquité catholique, ni les canons, ni les diplômes, ni les décrets originaux. C'était dans les collections du Pseudo-Isidore, d'Yves de Chartres, d'Anselme de Lucques, de Burchard de Worms, de Réginon de Prum, que Gratien avait puisé son œuvre, et les mutilations apportées à des textes déjà mutilés, jointes à quelques observations personnelles, font tout le travail du moine compilateur. Un certain *Paucapalea*, disciple de Gratien, a ajouté environ 150 canons à la collection ; ce sont ces canons qui portent le nom de *Palea* [1].

Le décret de Gratien devint, comme la compilation de Justinien, l'objet du travail de nombreux glossateurs [2].

On consultera utilement, sur les critiques, les glossateurs et les diverses éditions du décret de Gratien :

a. Bœhmer, *De decretalium pontificum romanorum variis collectionibus et fortuna*; en tête de la deuxième partie de son édition du *Corpus juris canonici*. Halæ, 1747, 2 vol. in-4°.

b. Augustin Theiner, De romanorum pontificum epistolarum

---

[1] Voir Bickel, *De Paleis quæ in Gratiani Decreto inveniuntur*. Marburg, 1827.

[2] Voir, sur les critiques, les commentateurs, les glossateurs et les diverses éditions du *Decretum Gratiani :* Giraud, *Essai sur l'hist. du droit français*, t. I, p. 339 et suiv.

decretalium antiquis collectionibus et de Gregorii IX decretalium Codice. Leipzig, 1829.

Et les précieuses notices bibliographiques rassemblées sur ce
sujet dans :

c. Giraud, Essai sur l'histoire du droit français au moyen âge,
vol. I, pag. 359 et suiv.

d. Laferrière, Hist. du droit français, tom. IV, p. 366 et suiv.

165. Decretales Gregorii noni.

Ce recueil des Décrétales papales, qui forma la deuxième
partie du *Corpus juris canonici*, et fut également l'objet de
nombreux commentaires, est dû au pape Grégoire IX. Afin de
remédier au nombre prodigieux des décrétales, ainsi qu'à l'in-
cohérence des compilations existantes, ce prince de l'Eglise
ordonna au dominicain Raymond de Pennaforte, auditeur de
la Rote, de reviser les collections de décrétales, et d'en former
un recueil unique. Le compilateur, qui a ajouté et retranché aux
textes existants, acheva son travail, divisé en cinq livres, vers
1234.

Les Décrétales de Grégoire IX sont citées sous le nom d'*Extra*
ou avec le signe conventionnel X, ce qui signifie *Extra decretum Gratiani*.

a. Augustin Theiner, Recherches sur plusieurs collections inédites des Décrétales du moyen âge. Paris, 1832.

b. Wasserschleben, Beiträge zur Geschichte der falschen De-
kretalen. Breslau, 1844.

166. Liber Sextus.

Ce recueil contient les conciles et les décrétales postérieurs
à la collection officielle de Grégoire IX ; il fut rédigé en 1298 par
ordre du pape Boniface VIII, et ajouté à la compilation grégo-
rienne sous le titre de *Liber sextus decretalium*.

167. Constitutiones Clementinæ.

Le pape Clément V, président du concile de Vienne, en recueillit les canons et y ajouta ses propres décrétales ; mais la mort le surprit avant l'achèvement de ce travail, qui ne fut publié qu'en 1317 par le pape Jean XXII.

168. Constitutiones Extravagantes [1].

. Ce recueil, qui vient dans le *Corpus juris canonici* à la suite des Clémentines, contient, dans sa première catégorie, vingt décrétales du pape Jean XXII, appelées aussi Joannines. Dans la deuxième catégorie, *Extravagantes communes*, se trouvent les décrétales publiées pendant un siècle environ par différents papes, dont Sixte IV ferme la liste. Ce travail, fait sans mission officielle des papes, ne fut admis d'abord ni dans les universités, ni dans les tribunaux ; il n'obtint une place au *Corpus juris canonici* que par Grégoire XIII, vers la fin du seizième siècle. Ce pape, après une révision générale ordonnée par son prédécesseur Pie IV, déclara les textes du Décret, de l'Extra, du Sexte, des Clémentines et des Extravagantes seuls officiels, et parties intégrantes du *Corpus juris canonici* (Bulle du 1er juillet 1580).

Quant au *Corpus juris canonici*, l'édition de 1582 fut déclarée la seule officielle et authentique :

169. Corpus juris canonici emendatum et annotationibus illustratum una cum glossis, Gregorii XIII jussu [2] editum. Romæ, 1582, 4 vol. in-fol.

Cette édition a servi de type à toutes les éditions postérieures, dont les principales sont :

a. Corpus juris canonici cum glossis diversorum. Parisiis, 1585 et 1601; Lugduni, 1671.

b. Corpus juris canonici ex edit. et cum notis Petri et Francisci Pithæorum, cura Fr. Desmarès. Paris., 1687; Lipsiæ, 1695 et 1705; Augustæ Taurinorum, 1746, 2 vol., in-fol.

---

[1] Ce titre provient de ce que ces deux collections, n'ayant point été d'abord comprises dans le *Corpus juris canonici*, étaient appelées *Vagantes extra corpus juris canonici;* admises plus tard dans le *Corpus juris,* le nom de *Extravagantes* leur est resté.

c. Corpus juris canon. rect. et notis illustr. J. H. Boehmerùs. Halæ, 1747, 2 vol., in-4°.

d. Corpus juris canonici emend. et notat. illustr. Gregorii XIII jussu editum, ed. Richter. Lips., 1839, 2 vol. in-4°.

Quoique Grégoire XIII eût déclaré que rien n'entrerait plus dans la composition du corps de Droit canonique, on ajouta plus tard, à la suite du Décret de Gratien, les *Canones pœnitentiales* extraits de la *Somme* de Henri de Séguse, et les *Canones apostolorum.*

A la suite des Extravagantes, on inséra : Un septième livre de décrétales, rendues depuis le pape Sixte IV jusqu'à Sixte V ; un recueil de décrétales publiées par Alexandre III, au concile de Latran, en 1179 ; une collection d'Innocent IV, et, enfin, les Institutes de droit canonique, rédigées en 1563, par Lancelot[1].

Il est évident que les papes, par cette codification successive, voulurent rivaliser avec le droit romain. Quiconque a parcouru le *Corps de droit canonique*, reconnaît que le Décret de Gratien affecte la forme du Digeste, que les Décrétales imitent celle du Code, et que le Sexte, les Clémentines et les Extravagantes ont été rédigés sur le plan des Novelles de Justinien. Les souverains pontifes sont allés jusqu'à contrefaire les Institutes de ce grand codificateur, en chargeant Lancelot de rédiger des Institutes du droit canonique, pour servir de manuel dans les écoles.

[1] Pendant que nous mettons sous presse, le quatrième volume de l'*Histoire du droit des Français*, par M. Laferrière, vient de paraître. Le savant jurisconsulte a rassemblé dans le cinquième chapitre de précieuses données sur les sources et les études du droit canonique.

CHAPITRE IV.

ÉLÉMENT MIXTE.

§ I. FORMULES.

Les actes ou protocoles (*formulæ, instrumenta*), tant judiciaires qu'extra-judiciaires, rédigés généralement par des clercs, en l'absence d'autres hommes lettrés, sont des monuments importants du droit français pendant les deux premières dynasties. Moitié romains, moitié germaniques, mélange encore indigeste des lois de deux races différentes, ils forment le premier essai de fusion des éléments hétérogènes qui concoururent à la formation de notre droit national.

Il en existe plusieurs recueils :

170. Marculfi monachi formularum libri duo.

Cette première collection de formules fut composée vers 660, dans le diocèse de Paris, par un moine appelé Marculfe ; elle est divisée en deux livres, dont le premier contient les formules de droit public, et le second, celles de droit privé.

Outre les éditions spéciales :

a. Marculfi monachi aliorumque formal. libri duo, item veteres formulæ incerti auctoris. Edidit Hier. Bignon, Paris., 1613. Argentorati, 1655, in-8°. Ed. Theod. Bignon, Paris., 1665, in-4°.

Le recueil de Marculfe se trouve encore dans :

b. Baluzii Capitularia, t. II, col. 369-434.

c. Canciani, Barb. leges antiquæ, vol. II, p. 177 et suiv.

d. Walter, Corpus juris german. antiqui, vol. III, p. 285-341.

171. Formulæ Lindenbrogianæ.

Elles sont publiées dans :

a. Lindenbrog, Codex leg. antiquarum, à la suite des lois barbares. V. *suprà*, n° 153.'

b. Baluze, *loc. cit.*, col. 509 et suiv.

c. Canciani, *loc. cit.*, vol. III, p. 481 et suiv.

d. Walter, *loc. cit.*, p. 412-457.

172. Dictati, notitiæ s. formulæ Andegavenses.

Ce recueil de 59 formules, composé par divers auteurs au commencement du huitième siècle, et destiné au pays d'Angers, a été publié par :

a. J. Mabillon, Vetera analecta, p. 234-270, *et dans le* Supplementum librorum de re diplomatica, p. 77 et suiv.

b. Canciani, *loc. cit.*, vol. III, p. 468 et suiv.

c. Walter, *loc. cit.*, vol. III, p. 497-522.

d. Eugène de Rozière, Formulæ Andegavenses, publ. d'après le MS. de Weingarten en Souabe, actuellement à Fulde. Paris, 1845, in-8°.

Ce nouveau texte se trouve aussi dans Giraud, *Hist. du droit franç. au moyen âge*, vol. II, p. 425-463.

173. Formulæ Alsaticæ.

Ce recueil du neuvième siècle se trouve dans :

a. Claude Le Pelletier, Codex canonum veteris Ecclesiæ romanæ a Fr. Pithæo ad vett. MMSS. Codd. restitutus et notis illustratus. Accedunt formulæ antiquæ Alsaticæ. Paris., 1687, in-fol., p. 433 et suiv.

b. Eccard, Leges Francorum Salicæ et Ripuariorum. Hanovr., 1719, Francof. et Lipsiæ, 1720, in-fol., p. 732 et suiv.

c. Canciani, vol. II, p. 401 et suiv.

d. Walter, *loc. cit.*, p. 523-546.

174. Formulæ Bignonianæ.

Ces formules de l'époque carlovingienne, qui se rapportent à
la loi salique, se trouvent dans :

a. Baluze, *loc. cit.*, col. 495-508 (cum notis H. Bignonii,
col. 980-4).

b. Canciani, *loc. cit.*, p. 269 et suiv.

c. Walter, *loc. cit.*, p. 399-411.

175. Formulæ Baluzianæ majores.

Se trouvent dans :

a. Baluze, *loc. cit.*, col. 557-586.

b. Canciani, *loc. cit.*, vol. III, p. 451 et suiv.

c. Walter, *loc. cit.*, p. 458-484.

176. Formulæ Baluzianæ minores.

Ces formules, appartenant en majeure partie à l'Auvergne,
sont souvent appelées *Formulæ Arvernenses*; elles sont publiées
dans :

a. Baluzii Miscellanea. Paris., 1713, in-8°, p. 546-559.

b. Canciani, *loc. cit.*, p. 464-468.

c. Walter, *loc. cit.*, p. 488-496.

**177. Formulæ veteres secundum legem Romanam XLVI,
vulgo Sirmondicæ dictæ.**

Elles sont publiées dans :

a. Baluze, *loc. cit.*, col. 467-494.

b. Canciani, *loc. cit.*, p. 434 et suiv.

. Walter, *loc. cit.*, p. 373-398.

Nous ne mentionnons point les *Formulæ Isonis* [1], ni les *For-*

---

[1] Éditées par Goldast, *Rerum alleman. Script. aliquot velust.*
661, t. I, part. I, p. 22 et suiv.

mulæ Langobardicæ [1] ; les premières ayant trait à la Suisse, les secondes à l'Italie.

On lira avec fruit sur les collections imprimées des formules :

a. Seidensticker, De marculfinis [similibusque formulis. Jenæ, 1815, in-4°.

Et sur les formules inédites :

b. Pardessus, Notice sur les manuscrits de formules relatives au droit observé dans l'empire des Francs, suivie de quatorze formules inédites (dans la *Bibliothèque de l'École des chartes*, vol. IV, p. 1-22).

Enfin, la science attend de M. Eugène de Rozière une nouvelle et complète édition de toutes les formules connues, sous le titre :

178. Recueil général et méthodique des formules usitées dans l'empire des Francs, du cinquième au dixième siècle. 1 vol. in-4°.

Cette collection comprendra, d'après la promesse de l'auteur, toutes les formules publiées jusqu'à ce jour, et, en outre, un grand nombre de formules inédites. L'auteur a collationné les textes déjà publiés, et copié les textes inédits sur plus de soixante manuscrits des bibliothèques de France, de Suisse, d'Allemagne et d'Italie. L'ouvrage sera précédé d'une introduction traçant l'historique des travaux antérieurs.

M. Pardessus, chargé par l'Académie des inscriptions et belles-lettres de donner une nouvelle édition du recueil de Brequigny et La Porte du Theil, 3 vol. in-folio, 1791, dont les deux premiers volumes contiennent des formules, actes et diplômes

---

[1] Publiées par Canciani, vol. II, p. 459-478, et d'après lui par Walter, vol. III, p. 547-558.

de l'époque mérovingienne, s'est acquitté de cette mission en refondant et augmentant l'ouvrage sous le titre suivant :

179. Diplomata, chartæ, epistolæ, leges, aliaque instrumenta ad res gallico-francicas spectantia ; prius collecta a VV. CC. de Brequigny et La Porte du Theil ; nunc nova ratione ordinata, plerumque aucta, etc., edidit M. Pardessus. Lutetiæ Parisiorum, 1843-1849, 2 vol. in-fol.

Voir, sur cette collection et son histoire, la *Bibl. de l'Ecole des chartes*, série A, tom. V, p. 508, et Bordier, dans la *Revue de législation*, juillet-août 1850, p. 344-359.

§ II. CAPITULAIRES DES ROIS FRANCS.

Les Capitulaires ou Ordonnances rendus par les rois des deux premières dynasties, dans l'Assemblée nationale des Francs, forment la seconde classe importante des monuments de droit qui participent à la fois des éléments barbare, romain et canonique. A la différence des *leges*, qui ne s'appliquaient qu'à tel ou tel peuple, ces premiers essais de législation territoriale devaient avoir force de loi dans toute l'étendue du royaume, plus tard de l'empire. Il y eut cependant des capitulaires spéciaux, *capitula specialia*, qui n'étaient destinés qu'à amplifier ou modifier les lois de certains peuples.

Les Capitulaires des rois francs ne furent jamais officiellement recueillis. La première collection fut commencée en 827 par un abbé du nom d'Ansegise, qui réunit en quatre livres et trois appendices les Capitulaires de Charlemagne et une partie de ceux de Louis le Débonnaire. Benoît Levite, un clerc de Mayence, (mort en 861), ajouta trois livres de Capitulaires attribués à ce dernier prince. Quoique le dernier recueil contienne quelques éléments reconnus aujourd'hui comme apocryphes, il n'en a pas moins exercé une autorité immense au moyen âge, à cause de sa réunion avec les fausses Décrétales.

Les érudits ont depuis ajouté des Capitulaires postérieurs en date, émanant des rois carlovingiens, ainsi que les actes législatifs attribués par la science moderne [1] aux rois mérovingiens.

On trouve le texte des Capitulaires dans :

180. Capitularia regum Francorum ; accedunt Marculfi et aliorum formulæ veteres, et notæ doctissimorum virorum, edente Stephano Baluzio. Paris., 1677, 2 vol. in-fol. — Rursus edita a P. de Chiniac, cum quibusdam augmentis. Paris., 1780, 2 vol. in-fol.

Et dans les collections de Lindenbrog, Georgisch, Canciani (t. III), Walter (t. II et III), et Pertz [2].

---

[1] Pertz, *Monum. Germ. histor.*, t. IV, *in principio.* — Pardessus, *Loi Salique, capit. extrav.*, p. 481. — Guérard, *Journal des savants,* 1844.

[2] Voir *suprà*, nos 153 à 156.

La collection de Pertz, *Monum. German. histor.*, t. III et suiv., la plus complète, contient : huit actes ou capitulaires de rois mérovingiens; trois de Karloman, sept de Pépin; puis ceux de Charlemagne et de ses successeurs. M. Pertz, à l'instar de notre recueil des ordonnances des rois de France, a continué la collection des capitulaires ou ordonnances des rois d'Allemagne jusqu'en 1313.

PARTIE IV.

ÉPOQUE COUTUMIÈRE,

DEPUIS LA PREMIÈRE FORMATION JUSQU'A LA RÉDACTION OFFICIELLE DES COUTUMES.

CHAPITRE I.

MONUMENTS ÉTRANGERS

IMPORTANTS POUR LA CONNAISSANCE DU DROIT COUTUMIER FRANÇAIS.

§ I. MONUMENTS ANGLO-NORMANDS.

Les coutumes apportées en Angleterre par les conquérants normands, et qui, réunies aux institutions féodales de l'Angleterre et à quelques usages saxons, ont été rédigées en Angleterre, forment une source précieuse pour l'étude du plus ancien droit coutumier français.

Les plus importantes sont :

181. Les Loys et Coutumes du roi Guillaume.

Elles furent publiées par Guillaume le Conquérant lui-même, dans la dernière moitié du onzième siècle, à l'usage de la race conquérante, en même temps qu'il fit rédiger pour les Anglo-Saxons un recueil des lois saxonnes.

Le texte des deux recueils se trouve dans Canciani, tome IV, et dans la collection anglaise des lois anglo-saxonnes. V. *suprà*, n° 127, *d*.

182. Le *Doomes-day-book*, ou Livre terrier de la conquête normande.

Il fut rédigé sous le même souverain, de 1080 à 1086, sur le modèle du *Domboc*, établi au neuvième siècle sous Alfred le Grand, et contenait le résultat des enquêtes territoriales, sur la nature des terres et les titres de leurs possesseurs. Il indique le nom des tenures, les droits y attachés, les formes requises pour les aliéner, les acquérir, les partager, le tout suivant les coutumes normandes. Ce document précieux pour la conquête fut appelé par les Normands *li grand Role, li Role roial*, ou *li Role de Winchester* [1], parce qu'il était conservé dans le trésor de la cathédrale de Winchester. Les Saxons vaincus l'appelèrent le Livre du dernier jugement : *Doomes-day-book* [2].

Il a été imprimé à Londres, sur les anciens MMSS., en 1783, par Robert Kelham, 2 vol. in-fol., auxquels on a adjoint en 1816 deux autres volumes.

On peut consulter sur cet ancien monument :

a. Phillipps, Englische Reichs- und Rechtsgeschichte, t. I, p. 199.

b. Guérard, Polyptique d'Irminon (Prolégomènes et éclaircissements, p. 25 et 935). V. *suprà*, n° 56.

c. Henry Ellis, A general introduction to Domes-day-book. London, 1833, 2 vol. in-8°.

183. Les coutumes anglo-normandes rassemblées dans les ouvrages suivants de Houard [3] :

a. Anciennes lois des Français, conservées dans les coutumes anglaises recueillies par Littleton. Rouen, 1766, 2 vol. in-4°.

Cet ouvrage est une traduction française annotée du livre que le jurisconsulte anglais Littleton composa en 1475. L'ouvrage de Littleton, l'un des plus estimés sur l'ancien droit anglais, a

---

[1] Rotulus magnus, rotulus regius, rotulus Vintoniæ. (*Anglia sacra*, t. I, p. 257.)

[2] « *Domesdæge-boc...* ab indigenis sic nuncupatus quia nulli parcit, sicut ac magnus dies judicii. » (*Anglia sacra*, t. I, p. 257.)

[3] Houard, membre associé de l'Académie des inscriptions, est né à Dieppe en 1725, mort à Abbeville en 1802.

été l'objet d'un savant commentaire par Coke, éminent jurisconsulte du dix-septième siècle. La dernière édition de cet ouvrage souvent réimprimé est enrichie de notes par Hargrave et Butler. Londres, 1832, 2 vol. in-8°.

b. Traités sur les coutumes anglo-normandes. Paris, 1776, 4 vol. in-4°.

Cet ouvrage contient les plus anciens livres de droit anglais, tels que le livre de Glanvilla, le *Fleta*, le livre de Britton et le coutumier connu sous les noms de *Miroir des juges*, *Mirror de justice*, *Myrror of justice*, *Mirrour aux justices*, qu'on a voulu à tort considérer comme antérieur à la conquête des Normands, et comme un coutumier original de la Normandie.

c. Dictionnaire analytique et étymologique de la coutume de Normandie. Rouen, 1780-1782, 4 vol. in-4°.

Du reste, tous les livres de droit et coutumiers, écrits en Angleterre pendant les douzième et treizième siècles, sont d'une grande utilité pour l'explication de nos antiquités contemporaines. Les plus remarquables sont les coutumiers connus sous le nom de :

d. *Leges Henrici I* et *Leges Eduardi Confessoris*;

e. Le livre du grand-juge Glanvilla : *Tractatus de legibus et consuetudinibus regni Angliæ* (vers 1189) [1];

f. Le traité *De legibus et consuetudinibus Angliæ* de Bracton (vers 1250), Londres, 1569, in-fol.;

g. Le coutumier intitulé *Fleta seu commentarius juris anglicani*;

h. Le livre de Britton rédigé en français par ordre d'Edouard I [2].

---

[1] Le meilleur texte dans Phillips, *Englische Reichs-und Rechtsgeschichte*, 2 vol. in-8°.

[2] Bonne édition, Londres, 1640, in-12.

§ II. — MONUMENTS DE DROIT FRANÇAIS EN ORIENT.

Les coutumes de France que les croisés rédigèrent à partir de 1099, en Palestine, dans l'ile de Chypre, et à Constantinople après la fondation de l'empire latin, sont, malgré les modifications que la différence des lieux et des circonstances a dû imprimer aux usages de la métropole, les monuments les plus précieux et les plus antiques de notre droit féodal et coutumier.

Le plus important et le plus célèbre monument de ces coutumes françaises transplantées en Orient, est le livre des :

184. Assises de Jérusalem.

Ces coutumes portaient d'abord le nom de *Lettres du Saint-Sépulcre* (*Litteræ S. Sepulchri*), parce qu'elles étaient renfermées dans un coffre déposé dans l'église du Saint-Sépulcre, d'où on les retirait avec un grand cérémonial, chaque fois qu'il y avait quelque importante controverse sur leur contenu ; ce texte original a été perdu par suite de la conquête de Jérusalem par Saladin, en 1187. Le nom d'Assises de Jérusalem leur vient de ce qu'après la prise de cette ville, en 1099, Godefroy de Bouillon, élu roi, les fit accepter comme lois par les Assises ou assemblées des grands du nouveau royaume de Jérusalem. Le grand nombre de Français qui prirent part à la première croisade et l'origine de Godefroy lui-même expliquent comment cette compilation fut presque uniquement composée d'us et coutumes de France. Gérard de Montréal, Philippe de Navarre, Jean et Jacques d'Ibelin, Geoffroy le Tort furent les premiers et principaux rédacteurs de ces anciennes coutumes. Retouchées plusieurs fois, elles furent soumises à une dernière révision en 1369 dans le royaume de Chypre, où elles avaient acquis force de loi.

Les Assises, type original du droit français du onzième siècle, étaient divisées, comme les coutumiers de France, en deux parties distinctes, l'une pour les nobles, l'autre pour les roturiers. Il y avait les Assises de la haute cour ou cour des barons, le code féodal, et les Assises de la basse cour ou cour des bourgeois, le code civil ou coutumier.

Ce fut Chopin qui, le premier, signala à l'attention publique l'importance des Assises de Jérusalem, alors presque inconnues en Europe. La première édition imprimée est celle de La Thaumassière (Bourges, 1690, in-fol.), faite d'après le texte incomplet du MS. du Vatican.

La deuxième est celle de Canciani, dans les II° et V° tomes de sa collection : *Barbarorum leges antiquæ* (V. *suprà*, n° 153) ; elle est copiée d'après la traduction officielle faite par les commissaires vénitiens pour l'île de Chypre, et imprimée à Venise en 1535.

Des tentatives réitérées furent faites en France depuis 1788, pour arriver à une nouvelle édition correcte et complète de l'ancien texte des Assises de Jérusalem, mais ce n'est que dans ces dernières années que l'étude des MMSS. originaux et très-estimés de Venise et de Munich aboutit à trois nouvelles publications :

Celle de M. Kausler, à Stuttgard, commencée en 1839, établissant une comparaison entre le texte de Munich et les autres textes connus.

Celle de M. Victor Foucher, établie d'après une copie du MS. vénitien faite par Klimrath, avec la traduction italienne donnée par Canciani en regard, et enrichie de notes de législation comparée. Les trois premières livraisons (Paris, Joubert, et Leipzig, Brockhaus et Avenarius, 1839) contiennent l'Assise des bourgeois ; la quatrième et jusqu'à présent dernière livraison (Rennes, Blin, Paris, Joubert, Leipzig, Brockhaus et Avenarius, 1840) donne le texte du Plédéant, le Plaidoyer, les regles de la bataille pour meurtre, et les Ordenemens de la Court dou Vesconte.

Enfin, la meilleure édition, parce qu'elle est la seule qui contienne les textes des deux Assises, est celle due aux soins de M. Beugnot, Paris, 1841-43, 2 vol. in-fol., et faisant partie du *Recueil des historiens des croisades.*

Le premier volume donne les Assises de la haute Cour, les travaux de ean de Jacques d'Ibelin, de Geoffroy le Tort et

5

de Philippe de Navarre; le second volume contient les Assises de la Cour des bourgeois.

On peut utilement consulter, sur l'histoire et la bibliographie des Assises de Jérusalem :

a. Notice de M. Dupin sur les Assises de Jérusalem, imprimée à la suite de la Bibliothèque choisie des livres de droit, par M. Camus ; 5e édit., revue et augmentée par M. Dupin. Paris, 1832, t. II, p. 674-680.

b. Taillandier, Dissertation sur les Assises de Jérusalem, dans *la Thémis,* t. VII, 10e livraison.

c. Pardessus, Mémoire sur l'origine du droit coutumier en France, et sur son état jusqu'au treizième siècle. Paris, 1834.

d. Paulin Paris, dans le *Journal des savants,* juillet, 1841.

e. Ch. Giraud, Du droit français dans l'Orient au moyen âge, et de la traduction grecque des Assises de Jérusalem [1], dans la *Revue de législation et de jurisprudence,* janvier 1843.

f. Warnkœnig, Die neuesten Schiften über die Geschichte und Alterhümer des französischen Rechts (Kritische Zeitschrift für Rechtswissenschaft und Gesetzebung des Auslandes. Heidelberg, 1846, t. XVIII, p. 344-353).

g. Les deux Introductions placées en tête des deux volumes des Assises, publiés par M. Beugnot.

185. Les Coutumes de l'empire latin, appelées aussi Usances, ou Assises de l'empire de Romanie.

On sait que cet empire, fondé par les croisés en 1204, ne dura que jusqu'en 1261, lorsque les Comnène reprirent les rênes du gouvernement de Byzance. La grande autorité qu'y avaient les statuts contenus dans les Assises de Jérusalem engagea le gouvernement vénitien à faire rédiger en langue vul-

---

[1] La traduction grecque des *Assises* n'est connue au monde savant que par trois MMSS. : l'un se trouve à la Bibliothèque nationale de Paris sous le n° 1390 (fonds Colbert); les deux autres ont été trouvés dans les couvents du mont Athos en Grèce.

gaire italienne un abrégé des Assises, qui a été depuis conservé
et imprimé dans la collection de Canciani, vol. III, p. 495 et suiv.
Mais ce n'est plus le droit pur des coutumes de France ; des
éléments orientaux et vénitiens se sont mêlés à ce corps de lois,
qui ne doit, par conséquent, être consulté et étudié qu'avec
prudence par rapport aux origines du droit français, mais qui
peut quelquefois servir utilement à expliquer les dispositions
des Assises de Jérusalem.

§ III. — COUTUMES NORMANDES TRANSPLANTÉES EN SICILE ET DANS L'ITALIE MÉRIDIONALE.

L'esprit aventureux et entreprenant des Normands porta
l'étendard et les usages français dans le midi de l'Italie et en
Sicile. Vers 1057, Robert Guiscard et le comte Roger y fondèrent de nouveaux établissements, où les coutumes féodales
de la mère-patrie furent apportées et appliquées, à l'instar des
croisés français en Orient. Cependant ces usages et coutumes
se mêlèrent bientôt aux lois lombardes, qui avaient une autorité très-répandue dans toute la péninsule italique, au *Livre des
fiefs* et aux lois romaines. Aussi, c'est le produit de cet assem-
blage de lois diverses qui fut codifié par Frédéric II ou plutôt par son chancelier Pierre des Vignes (*Petrus de Vinea*),
vers l'année 1231, sous le titre de :

186. Constitutiones regni Siculi, vel constitutionum
Neapolitanarum sive Sicularum libri III.

Elles ont été recueillies par Canciani, Barbarorum leges antiquæ, t. I, p. 299 et suiv., sous le titre :

a. Constitutiones regni Siculi ex editione Frederici Lindenbro-
gii, cum nonnullis castigationibus. Additi sunt quam plurimi
tituli Constitutionum Sicularum græce scriptarum ex MS.
codice Bibl. Barberinæ cum versione latina.

La meilleure édition et la plus complète est :

b. Constitutiones regum regni utriusque Siciliæ mandante Frederico II imperatore, per Petrum de Vinea concinnatæ... cum græca earumdem versione, quibus nunc primum accedunt Assisiæ regum regni Siciliæ, et fragmentum regesti ejusdem imperatoris ann. 1259-1240. Naples, Imprimerie royale, 1786, in-8°.

§ IV. — LE LIVRE DES FIEFS.

Les monuments qui font le sujet des paragraphes précédents, étant d'origine française, ne doivent leur qualification d'étrangers qu'aux lieux dans lesquels les conquérants français les avaient transplantés. Il en est autrement du *Livre des fiefs*, qui, émanant d'une terre étrangère, a été importé en France, ou qui du moins y a exercé une grande autorité. En effet, le *Livre des fiefs*, composé en Lombardie du temps de Frédéric I, entre 1158 et 1168, a fait sentir son autorité sur l'Italie et l'Allemagne d'abord, et par suite sur les différents pays dont la réunion a formé plus tard le royaume de France. Cependant cette autorité a eu deux caractères tout à fait différents : dans nos provinces de l'Est et du Sud-Ouest, qui ont eu des rapports plus ou moins étroits avec l'empire romano-germanique, ce code étranger avait un caractère de droit commun, malgré les différences qui existaient entre le droit féodal lombard et celui de France [1]. Dans les autres parties de la France, la Bretagne exceptée, le *Livre des fiefs* était comme un droit supplétif en cas d'insuffisance des lois nationales, à peu près comme le droit romain pour les matières non féodales.

Cet important recueil, dont les plus anciens manuscrits por-

---

[1] Jean Faber et Pierre Jacobi, au quatorzième siècle, Éginard, Baron, Duaren et d'Argentré, au seizième siècle, se sont élevés contre l'application du *Livre des fiefs* en France. Mais les deux plus grandes autorités, Cujas et Dumoulin, ont formellement reconnu l'autorité du recueil étranger. — Voyez, sur les différences et les rapports entre le droit féodal lombard et français, M. Laferrière, *Hist. du droit franç.*, t. IV, p. 553 et suiv.

taient le titre de *Libri feudorum*, est le plus souvent imprimé sous celui de :

187. Consuetudines feudorum.

Son insertion dans le *Corpus juris*, à la suite des Novelles de Justinien, qui eut lieu depuis le treizième siècle, servit principalement à lui donner cette autorité doctrinale, ce caractère de droit supplétif ; et cependant il n'a dû sa naissance, comme tant d'autres coutumiers de France et d'Allemagne, qu'à la plume de quelques juristes. Un jurisconsulte milanais avait fait une compilation des travaux sur le droit féodal laissés par deux consuls de la même ville, très-versés dans cette matière, *Gerardus Niger* et *Obertus de Oberto ;* ce manuscrit, offert à Frédéric 1er, fut envoyé par lui à l'école de Bologne, pour y servir de base à l'enseignement. Ce texte, cependant, n'est point parvenu jusqu'à nous ; celui qui existe aujourd'hui fut recueilli au treizième siècle, sous Frédéric II, et joint à la suite des Novelles. Depuis, les *Libri feudorum* ont été ajoutés comme appendice à presque toutes les éditions du *Corpus juris.*

En 1567, Cujas a donné une édition séparée des *Libri feudorum,* divisée en cinq livres ; il y a ajouté d'anciens textes empruntés à la *Somme* de Jacques d'Ardizone (écrite vers 1230), à l'*Apparatus* de Jacques Columbi (écrit vers 1240), au *Commentaire* de Jacques Alvaratus († 1451), traitant des matières féodales.

On peut consulter sur ce monument du droit féodal :

a. Paetz, De vera librorum juris longobardici origine. Gœttingæ, 1805.

b. Dieck, Litterargeschichte des Longobardischen Lehnrechts. Halle, 1828.

c. Laspeyres, Ueber die Entstehung und aelteste Bearbeitung der *Libri feudorum.* Berlin, 1830.

CHAPITRE II.

RECUEILS D'ACTES, CARTULAIRES, DIPLOMES, CHARTES D'AFFRANCHISSEMENT ET STATUTS LOCAUX.

Comme le nombre de ces documents arrachés à la poudre des archives et au secret des bibliothèques est immense, et qu'il serait à peu près impossible d'énumérer les noms et titres individuels des textes imprimés, nous nous sommes borné à indiquer les ouvrages et les collections qui les ont publiés. Les principaux sont :

188. Bibliothèque des coutumes, par Berroyer et de Laurière. Paris, 1699 et 1754, in-4º.

189. Aug. Galland, Du franc-alleu, et origines des droicts seigneuriaux. Paris, 1637, in-4º.

190. Les anciennes et nouvelles coutumes locales du Berri et celles de Lorris commentées par La Thaumassière. Bourges et Paris, 1679, in-fol.

191. Nouveaux commentaires sur les coutumes du Berri, avec un traité du franc-alleu, par La Thaumassière. Bourges, 1691 et 1693, in-4º; 1701 et 1750, in-fol.

192. Steph. Baluzii Miscellanea. Paris., 1677-1715, 7 vol. in-8º. — Novo ordine digesta, opera et studio J. D. Mansi. 1761, 4 vol. in-fol.

193. Mabillon, De re diplomatica libri sex. Parisiis, 1681 ou 1709 in-fol [1]. Supplementum librorum de re diplomatica. Parisiis, 1704 et 1709, in-fol.

---

[1] V. *Bibliothèque choisie des livres de droit* de Camus et Dupin, nº 1743, note. 5ᵐᵉ édit., 1832.

194. Vetera analecta cum disquisitione Mabillonii, ed.
L. F. J. de La Barre. Paris., 1733, in-fol.

195. Dom Martene et Durand, Thesaurus novus anec-
dotorum. Lutetiæ Paris., 1717, 5 vol. in-fol.

196. Dom Martene, Veterum scriptorum et monumen-
torum amplissima collectio. Paris., 1724-33, 9 vol.
in-fol.

197. D'Achery, Veterum aliquot scriptorum Spicilegium.
Paris., 1723., 3 vol. in-fol.

198. Aub. Miræi Opera diplomatica. Bruxellis, 1722 et
1748, 4 vol. in-fol.

199. Schannat, Vindemiæ litterariæ. Fuldæ, 1723, 1 vol.
in-fol.

200 Schannat, Historia episcopatus Wormatiensis. Francof. ad M., 1734, 2 vol. in-fol.

201. De Bréquigny, dans les XIᵉ et XIIᵉ vol. des Ordonnances des rois de France, où il a rassemblé un grand
nombre de chartes [1].

Du reste, le Recueil des ordonnances (connu aussi sous le
nom de Recueil du Louvre) contient encore de nombreux textes
de statuts et de chartes dans les autres volumes, notamment dans
les cinq premiers [2].

---

[1] Comme le plan adopté pour le *Recueil des ordonnances* lui avait
imposé l'obligation de ne prendre que les chartes octroyées ou du
moins [approuvées et confirmées par les rois, de Bréquigny avait
conçu le projet de publier dans un ouvrage séparé les chartes octroyées par les seigneurs. Malheureusement pour la science, il n'a
pu exécuter ce dessein.

[2] Le nombre en est si considérable, qu'en compulsant la Table
alphabétique de ce recueil, dressée par M. Pardessus (V. plus
loin nᵒ 282), nous en avons compté jusqu'à trente et un à la seule
lettre A.

202. De Bréquigny, Table chronologique des diplômes, chartes, titres et actes imprimés, concernant l'histoire de France. Paris, 1769-1783, tom. I-III.

203. Meichelbeck, Historia Frisingensis. 4 parties in-fol., 1729.

204. Meichelbeck, Chronicon Benedictoburanum, 1753, 2 vol. in-fol.

205. Schœpflin, Alsatia diplomatica. Manheim, 1772-5, 2 vol. in-fol.

206. Neugart, Codex diplomaticus, 1785, 2 vol. in-4°.

207. St. Génois, Monuments anciens essentiellement utiles à la France. Paris, 1782.

208. Traditiones possessionesque Wizenburgenses, codices duo cum supplementis. Impens. Soc. histor. Palatinæ edidit C. Zeuss. Spiriæ, 1842, in-4°.

209. Dronke, Traditiones et antiquitates Fuldenses. Fulda et Paris., 1844, in-4°.

210. Germanicarum antiquitatum thesaurus, vel Traditionum Fuldensium libri tres, publié dans Pertz, *Monumenta Germanica historica*, vol. I.

211. Warnkœnig et Stein, Französische Staats-und Rechtsgeschichte. Basel, 1846-1848. Vol. I et II, Appendice : *Urkundenbuch.*

212. Warnkœnig, Flandrische Staats-und Rechtsgeschichte. Tübingen, 1836-42, vol. II et IV.

Un grand nombre de diplômes et de chartes est publié dans les histoires spéciales de nos provinces, villes, monastères et abbayes, ainsi que dans les histoires généalogiques des familles féodales. On trouve une longue liste de ces ouvrages dans :
Warnkœnig et Stein, *Franz. Staats-und Rechtsgeschichte,* t. I, p. 21 et suiv.

Giraud, *Essai d'une hist. du droit français au moyen âge*, t. I, p. 382, note 3.

Bon nombre de chartes ignorées verront encore le jour quand les trésors inconnus des archives départementales auront été livrés à la publicité. Voir le *Catalogue général des cartulaires des archives départementales de France*, publié par la Commission des archives. Paris, Imprimerie royale, 1847, 285 pag. in-4°.

Une grande richesse de documents se trouve dans les trois collections suivantes, dont les deux dernières sont encore en ce moment en voie de publication :

213. Diplomata, chartæ, epistolæ, leges, aliaque instrumenta ad res gallo-francicas spectantia, prius collecta a VV. CC. de Bréquigny et La Porte du Theil ; nunc nova ratione ordinata, plurimumque aucta, edidit J. M. Pardessus. Impr. royale, 2 vol. in-fol., 1843-1849 [1].

214. Table chronologique des diplômes, chartes, titres et actes imprimés concernant l'histoire de France, par de Bréquigny [2], continuée sous les auspices de l'Académie des inscriptions et belles-lettres.

M. Pardessus a donné les tomes IV, V, VI, conduisant jusqu'en 1213. Depuis 1847, la direction de cette importante publication a passé à M. Laboulaye, qui met actuellement sous presse le tome VII, se terminant à l'année 1315.

La collection des chartes municipales et coutumes locales, commencée par les Duchesne, projetée par Bréquigny, n'a pas reçu d'exécution jusqu'à nos jours [3]. C'est M. Guizot qui a chargé M. Aug. Thierry de reprendre ce travail immense de

[1] V. *suprà*, nᵒ 179.

[2] V. *suprà*, nᵒ 202.

[3] V. Delpit, *Des projets formés avant 1830 pour la publication d'un recueil des chartes municipales.* (*Revue de législation*, février 1844, p. 221-236.)

nos vieux jurisconsultes. La première livraison a paru sous le titre :

215. Recueil des monuments inédits de l'histoire du tiers État. Première série : chartes, coutumes, actes municipaux, statuts des corporations d'arts et métiers des villes et communes de France. Région du Nord.

Tome I, contenant les pièces relatives à l'histoire de la ville d'Amiens depuis l'an 1057, date de la plus ancienne de ces pièces, jusqu'au quinzième siècle, par Aug. Thierry. Paris, Didot, 1850 [1].

Les archives des provinces et des villes, dont la publication se fait depuis quelques années, grâce au zèle des archivistes, contiennent aussi un trésor de diplômes, chartes et cartulaires. Nous citerons entre autres les :

216. Archives d'Anjou, publ. par M. Paul Marchegay. Angers, 1843, 1 vol. in-8°.

Enfin, M. Guérard a été chargé, avec la collaboration de MM. Géraud, Marion et Deloye, de la publication de la *Collection des cartulaires de France*, qui fait également partie du grand monument historique : *Documents inédits sur l'histoire de France. Première série : Hist. politique.*

Ont déjà paru :

217. Cartulaire de l'abbaye de Saint-Père de Chartres. Paris, Crapelet, 1840, 2 vol. in-4°. (Vol. I et II de la collection.)

218. Cartulaire de l'abbaye de Saint-Bertin. Paris, Crapelet, 1840. 1 vol. in-4°. (Vol. III de la collection.)

219. Cartulaire de l'église Notre-Dame de Paris. Paris, Crapelet, 1850, 4 vol. in-4°. (Vol. IV-VII de la collection.)

---

[1] Faisant partie de la collection des *Documents inédits sur l'histoire de France*, publiée par les soins du ministre de l'instruction publique. Première série : Histoire publique.

APPENDICE.

Pendant que nous mettons sous presse, M. Guérard vient d'enrichir la science d'un nouvel ouvrage inédit, arraché par son infatigable zèle aux cartons de la Bibl. nationale. Les premières feuilles de notre opuscule étant déjà tirées, nous sommes obligé de le citer ici, quoique sa place soit dans la Partie I, après le *Polyptique d'Irminon* (voy. *suprà*, n° 36) :

36 *bis*. Polyptique de l'abbaye de Saint-Remi de Reims, ou dénombrement des manses, des serfs et des revenus de cette abbaye, vers le milieu du onzième siècle de notre ère; par M. Guérard, de l'Institut. Paris, Imprimerie impériale, 1853.

Le savant éditeur y joint, en forme d'appendice, une description des biens du monastère de Saint-Victor de Verdun, ainsi qu'une description fragmentaire des possessions d'un autre monastère situé dans le diocèse de Trèves.

CHAPITRE III.

COUTUMES ET COUTUMIERS ANTÉRIEURS
A LA RÉDACTION OFFICIELLE [1].

220. Alais.

Les anciennes coutumes inédites d'Alais, publiées par M. Beugnot dans l'appendice du troisième volume des *Olim* (Voir plus loin, n° 244, v). La première rédaction de ces coutumes remonte à l'an 1216, et la seconde à quelques années plus tard (entre 1216 et 1222).

M. Beugnot a consacré à ces coutumes un article très-instructif dans la *Bibliothèque de l'École des chartes*, 2e série, II° vol., p. 93 et suiv.

221. Alby.

Les coutumes d'Alby de 1220, augmentées en 1264, 1268 et 1402, publiées en langue vulgaire du pays de Languedoc dans l'appendice du premier volume, p. 84-103, de l'*Essai sur l'histoire du droit français au moyen âge*, par M. Ch. Giraud.

222. Alsace.

Parmi les coutumes municipales de cette province, réunie à la France après le traité de Westphalie (1648), celles de Strasbourg, de Haguenau et de Colmar méritent une attention toute particulière, tant à cause de leur âge reculé que parce qu'elles étaient des statuts modèles pour les pays environnants.

I. *Strasbourg*. Jura et leges antiquissimæ civitatis Argentinensis.

---

[1] La force des choses nous a contraint de donner parmi ces coutumes provinciales quelques coutumes locales et quelques chartes de villes.

La première charte accordée à cette ville riche et importante dès le commencement du neuvième siècle [1] par ses évêques, serait du dixième siècle d'après Grandidier (*Hist. de l'Église et des évêques de Strasbourg*, t. II, p. 37), du onzième siècle d'après Mittermaïer (*Grundsœtze des gem. deutschen Privatrechts Regensburg*, 1837, vol. I, § II, note 5) et Gaupp (*Deutsche Stadtrechte des Mittelalters*. Breslau, 1851, t. I, p. 37). Le plus ancien texte se trouve dans Grandidier, t. II, p. 43-93, dans Walter (*Corpus juris German. antiq.*, t. III, p. 780); dans Giraud (*Essai sur l'histoire du droit français au moyen âge*, vol. I, Append., p. 7-18), et dans Gaupp (ll., p. 48 et suiv.). Ce dernier auteur a publié à la suite plusieurs textes réformés ainsi que des traductions allemandes de cette coutume, modifiée plusieurs fois durant le treizième siècle, et notamment une dernière fois en 1322. MM. Mittermaïer à Heidelberg, et Von Türkheim à Altorf, possèdent encore plusieurs textes manuscrits inédits.

a. Bernhard, Essai sur l'histoire municipale de la ville de Strasbourg, dans la *Bibliothèque de l'École des chartes*, série A, t. I, p. 430 et suiv.

II. *Haguenau.* Frederici I Imperat. diploma privilegiorum ac jurium pro nova civitate sua Hagenoensi A[i] 1164.

Cette coutume se trouve dans Schœpflin, *Alsatia diplomatica*, t. I, p. 255, et dans Gaupp, ll., p. 95 et suiv. Les confirmations de ces coutumes par les successeurs de Frédéric se trouvent à la suite.

III. *Colmar.* Charte (*hantveste*) de 1293 accordée par Adolphe de Nassau, roi d'Allemagne.

Ce document, écrit en allemand, est publié par Schœpflin, ll. II, p. 55, et par Gaupp, ll., p. 112 et suiv.; il est à peu de chose près la reproduction d'une charte antérieure donnée à la ville de Colmar par le roi Rodolphe de Hapsbourg (1278), qui

[1] Ermold le Noir, chez Pertz, *Monum. German. historica*, t. III, p. 517, 518.

n'a jamais été imprimée, mais dont une copie manuscrite existe dans la bibliothèque du Dr Euler, à Francfort-s.-M.

223. Amiens.

Coutumes locales du bailliage d'Amiens, publ. par M. Bouthors. Amiens, 1840 et années suiv. 4 vol in-4°.

Cette publication, faite sous le patronage de la Société des antiquaires de Picardie, contient les coutumes locales des pré-vôtés d'Amiens, de Beauvoisis, de Fouilloy, de Vimeu, de Saint-Riquier et de Doullens, ainsi que celles de Beauquesne et de Montreuil.

La Coutume d'Amiens contenue dans ce recueil est de 1280, d'après M. Bouthors. Une coutume antérieure (de 1249) vient d'être publiée par M. Aug. Thierry, *Recueil des monum. inédits de l'hist. du tiers État.* Série I, t. I. (V. *suprà*, n° 215.)

224. Anjou et Maine.

Les monuments du droit coutumier de ces deux provinces, antérieurs à la rédaction officielle [1], attendent encore l'impres-sion et ne consistent qu'en manuscrits.

On connaît aujourd'hui :

I. Les abbréviations et corrections des stiles et coutumes d'Anjou et du Maine, fait ès grands jours d'Anjou, l'an 1351, par les gens du Conseil. (MS. 424, Supplém. Franç. de la Bibliothèque nationale.)

II. Une rédaction de la même coutume faite en 1441, dont un manuscrit et un exemplaire imprimé se trou-vent à la Bibliothèque de la Cour de cassation.

III. Les Coustumes d'Anjou et du Maine intitulées selon les rubriches du Code, dont les aucuns sont concordés de droit escript par maitre Claude Léger, lieutenant du sénéchal d'Angers. (Ms. 451, Supplém. Franç. de la Bibl. nationale.)

---

[1] En 1458 ; sanctionnée en 1462 ; réformée en 1508.

Ce dernier Coutumier a été souvent cité par La Thaumassière dans ses notes sur Beaumanoir [1]. Il contient aussi du droit romain.

225. Arles, Apt et Salon.

Les statuts de ces trois villes de la Provence ont été publiés dans l'*Essai sur l'hist. du droit français au moyen âge*, par M. Ch. Giraud, t. II, p. 128-267. Ils sont du douzième et du treizième siècle.

226. Arras.

La charte et coutume de cette ville de 1211 et de 1268 se trouve dans Warnkœnig, *Flandrische Staats-und Rechtsgeschichte*. Tübingen, 1836, t. IV, App., p. 25.

227. Artois.

L'*Ancien coutumier d'Artois*, composé vers l'an 1300, n'est qu'un remaniement, à l'usage de cette province, du *Conseil de Pierre de Fontaine*[2]; il a été publié dans la seconde édition de l'ouvrage d'Adrien Maillard, *Coutumes d'Artois, avec des notes*. Paris, 1739 et 1756, in-fol. Cette publication a été faite sur un MS. de la Bibliothèque nationale portant le n° 1230 Colbert, aujourd'hui le n° 9822 [3] A ; il en existe un autre sous le même numéro, à la même Bibliothèque, qui présente de nombreuses variantes et contient en outre un texte des Establissements de saint Louis et un ancien coutumier de Picardie.

228. Auvergne et Bourbonnais.

La Practique de Masuer.

L'ancien droit coutumier de ces deux provinces, tel qu'il se pratiquait au quinzième siècle, est exposé dans l'ouvrage de *Masuer*, avocat à la sénéchaussée du Bourbonnais, plus tard chancelier du comte d'Auvergne. Ce praticien est mort en 1450 [3].

---

[1] V. plus loin, n° 232.

[2] Voir plus loin, n° 264.

[3] Non pas en 1588, comme le dit M. Dupin à la suite de la *Bibliothèque de droit*, t. II, p. 724.

Son ouvrage intitulé *De practica forensi* a eu plusieurs traductions en français, dont la plus connue est celle de Fontanon.
Paris, 1577, 1581, 1586, 1600 et 1605.

Il existe cependant à la Bibliothèque nationale deux manuscrits
français inédits, sous les nᵒˢ 9387 et 9388, où les citations des
lois et les opinions des docteurs se trouvent reléguées dans une
glose marginale latine. Klimrath en a tiré la conséquence, que
c'est par le fait des copistes que la glose aurait passé dans le
texte des autres éditions. « Un naïf coutumier a été de la sorte
changé en l'ouvrage indigeste d'un pédant » [1].

Une imitation française de l'œuvre de *Masuer* a encore été
imprimée en 1505 sous le titre : « Le Masuer en francoys, suivant la coustume de haut et bas pays d'Auvergne.» Cette édition
est excessivement rare.

La coutume d'Auvergne ne fut officiellement rédigée et confirmée qu'en 1510, sous Louis XII.

a. Bayle-Mouillard, Études sur l'histoire du droit en Auvergne.
Riom, 1842.

229. Barèges.

Les coutumes anciennes de Barèges et du pays de Lavédan,
publiées à Bagnères en 1856.

230. Béarn.

Fors de Béarn, Législation inédite du onzième au treizième siècle, avec traduction en regard, notes et introduction, par MM. Mazure et Hatoulet. Pau et Paris,
1847, 1 vol. in-4º.

Cette publication contient, outre le For général de Béarn, ceux
de Morlaas, d'Oléron, d'Osson, d'Aspe et autres. Le plus ancien,
celui d'Oléron, remonte à l'an 1080.

---

[1] *Mémoire sur les monuments inédits de l'histoire du droit français
au moyen âge*, p. 19. OEuvres compl. Edit. Warnkœnig, Paris et
Strasbourg, 1843.

231. Beaune.

Les coutumes de cette ville bourguignonne, de l'an 1370, ont été relevées sur les registres originaux de la commune par le soin de M. Garnier, archiviste de la ville de Dijon, et publiées par M. Ch. Giraud, *Hist. du droit français au moyen âge*, t. II, p. 329-337.

232. Beauvoisis.

Livre des coutumes et des usages de Beauvoisis, selon ce que il corroit au temps que ce livre fuit fait, est à savoir en l'an de l'incarnation de notre Seigneur 1283.

L'auteur a été Philippe de Beaumanoir, à cette époque bailli à Clermont [1]. La première édition des coutumes de Beauvoisis est de La Thaumassière, Bourges, 1690, in-fol., à la suite desquelles il avait donné la première édition des *Assises et bons usages du royaume de Jérusalem, par messire Jean d'Ibelin*. V. *suprà*, n° 184.

Une édition récente de l'ouvrage de Beaumanoir a été publiée par M. Beugnot, avec des notes et un glossaire, et précédée d'une notice étendue sur l'auteur. Paris, Jules Renouard et Cᵉ, 1842, 2 vol. in-8°.

233. Bergerac.

Les Coutumes et Statuts de la ville de Bergerac, traduits du latin en français par Étienne Trésier, conseiller du roi à la Cour du Parlement de Bordeaux, commentés par MM. de Lamothe. Bergerac, 1779, in-8°.

Cette coutume, datée de 1322, n'a point été réformée et a subsisté jusqu'à la Révolution.

234. Berry.

Coustumes de la ville et septaine de Bourges, de Dun-le-Roy et du pays de Berry.

---

[1] Voir, sur Beaumanoir, un article de M. Laboulaye dans la *Revue de législ. et de jurisprudence*, juin 1840, p. 433.

Ce recueil, qui date du commencement du quatorzième siècle et doit être attribué à quelque praticien de Bourges [1], a été augmenté de nouvelles décisions allant jusqu'au milieu du quinzième siècle, et forme 169 articles. Il a été reproduit dans *Les anciennes et nouvelles coutumes locales du Berri*, et celles de *Lorris commentées par La Thaumassière*. Bourges et Paris, 1679, in-fol.

a. Louis Raynal, Etudes sur les coutumes du Berry (*Revue de législation*, juillet et octobre 1840).

235. Bigorre.

Les coutumes de Bigorre de l'an 1097, confirmées par le comte Bernard, ont été publiées par Pierre de Marca, *Histoire de Béarn* (1640, in-fol.), d'après le cartulaire de Bigorre déposé au trésor des chartes à Pau ; elles viennent de l'être récemment dans l'*Essai sur l'hist. du droit franç. au moyen âge*, par M. Ch. Giraud, t. I, Append., p. 19-25.

236. Bordeaux.

Las coustumas de la vila de Bordeu.

Ces anciennes coutumes se trouvent dans l'ouvrage des frères de La Mothe :

a. Coutumes du ressort du Parlement de Guienne, avec un commentaire pour l'intelligence du texte et les arrêts, etc., par deux avocats du Parlement de Bordeaux. 1768-69, 2 vol. in-8°.

237. Bourgogne.

Le président Bouhier, dans le premier tome de ses *OEuvres de jurisprudence*, Dijon, 1787-88, 2 vol. in-fol., a publié quatre différents textes des coutumes de Bourgogne, tous antérieurs à la rédaction officielle qui eut lieu en 1459, mais différents d'âge et de valeur.

Les plus remarquables par leur antiquité sont :

---

[1] L'auteur en serait Pierre d'Arragon, avocat du roi dès 1333, d'après Catherinot, Coutume de Berri. Bourges, 1664, in-16, p. 6.

I. Les Coutumes générales du duché de Bourgogne avec les locales de la ville de Dijon.

Ce texte contient 120 articles, et Bouhier le fait remonter au temps de saint Louis, car il l'avait publié sur un MS. de l'abbaye de Saint-Bénigne de Dijon, écrit en 1291.

En effet, cette rédaction appartient au milieu du treizième siècle, et elle avait déjà été imprimée avant Bouhier, par Perard, dans son *Recueil de plusieurs pièces curieuses servant à l'histoire de Bourgogne*. Paris, 1664, in-fol.

II. Coutumes anciennes du duché de Bourgogne.

III. Consuetudines generales antiquæ ducatus Burgondiæ.

Le premier de ces deux textes contient 57 articles, le second 110 ; ce ne sont que des copies tronquées de manuels rédigés par quelques praticiens obscurs.

Le quatrième texte est intitulé :

IV. Anciennes coutumes du duché de Bourgogne.

C'est une compilation en 403 articles faite selon les idées personnelles de Bouhier, et qui ne laisse presque rien subsister du texte original du Coutumier bourguignon. Ce coutumier, dans sa forme authentique, a été publié d'après le MS. n° 216 de la Bibliothèque de Dijon, par M. Ch. Giraud, *Droit français au moyen âge*, vol. II, p. 268-328, sous le titre de :

V. Coustumes et stilles gardez en duchié de Bourgoinge.

Cette coutume a été en vigueur depuis le treizième siècle jusqu'en 1459, époque à laquelle Philippe le Bon, duc de Bourgogne, fit rédiger officiellement les coutumes des duché et comté de Bourgogne, à l'imitation de ce que Charles VII avait ordonné pour les coutumes du royaume de France.

Consulter, sur les anciennes coutumes de Bourgogne, Ch. Giraud, dans la *Revue de législation*, sept. 1843, p. 292 et suiv.

238. Bretagne.

I. L'Assise du comte Geffroy, de l'an 1185.

Ce texte, le plus ancien monument breton de l'époque coutumière, se trouve dans le *Recueil des ordonnances*, t. I, p. 620.

II. La très-ancienne coutume de Bretaigne.

Cette très-ancienne coutume, dont la rédaction remonte vers
l'an 1530, fut la loi commune du pays de Bretagne jusqu'en 1539,
époque de la première rédaction officielle. Quant à la dernière
coutume réformée, elle est de l'an 1580.

Il existe plusieurs MMSS. de divers âges de la *Très-ancienne
coutume*, la seule qui rentre dans notre cadre, et plusieurs éditions imprimées en caractères gothiques et assez rares. Elles
sont de Paris, 1480 ; Rennes, 1484 et 1487, in-12 ; Rennes,
1521, in-8°. La *Très-ancienne coutume* se trouve également
dans le *Coutumier général de Richebourg*, vol. I, p. 199.

Voir, sur les anciens monuments du droit de la Bretagne :

a. Les travaux de Hévin et de Frain sur la coutume de cette
province (*Bibliothèque choisie* de Camus et Dupin, 5ᵉ édit.,
nᵒˢ 1213 ; 15, 21 et 22.)

b. Giraud, Recherches historiques et bibliographiques sur les
coutumes de Bretagne (*Revue de législation*, mars et mai
1843).

239. Carcassonne.

Libertates et consuetudines Carcassonæ.

Ce coutumier du treizième siècle, en 149 articles, a été calqué
sur la coutume de Montpellier, dont le droit est resté la source
à laquelle on recourait en cas de doute ou de difficulté. De
même, la coutume de Lorris était la coutume-mère d'un grand
nombre de coutumes dans le Gatinais, la Beauce et la Sologne.
Quelquefois même des villes de France avaient emprunté leurs
coutumes hors du territoire, et avaient recours à une ville étrangère comme à une espèce de tribunal supérieur, s'il est permis
d'employer une locution de nos temps à cet ancien usage. Des
villes d'Alsace avaient leur coutume-mère en Suisse ; des villes
du nord de la France, dans les Flandres.

M. Giraud, *Droit français au moyen âge*, vol. I, append., p. 47-79, donne le texte inédit de cette coutume de Carcassonne.

240. Champagne.

I. Li droict et lis coustumes de Champagne et de Brie que li roi Thiebaulx establi.

Ce monument appartient au treizième siècle, et le texte se trouve publié dans les *Coutumes du bailliage de Troyes* avec les notes et le commentaire de Pithou (*Bibliothèque choisie* de Camus et Dupin, n° 1288); et dans le *Coutumier général* de Bourdot de Richebourg, vol. III, p. 209.

II. Archives législatives de la ville de Reims, publiées par M. Pierre Varin. Paris, Didot, 1840-1852, 4 vol. in-4°.

Ce recueil contient, en fait de documents intéressants pour notre époque :

a. Privilegia curiœ Remensis archiepiscopi, anni 1269. P. 3-33.

b. Liber practicus de consuetudine remensi. P. 35-344.

Ces deux travaux ont pour objet le droit en vigueur auprès des tribunaux ecclésiastiques de la ville de Reims.

c. Coutumes des cours ecclésiastiques et civiles. P. 481 et suiv.

d. Coutumes des cours civiles de Reims du treizième siècle. p. 605 et suiv. [1].

e. Coutume rédigée vers la fin du quatorzième ou au commencement du quinzième siècle, avec le commentaire de Gérard de Montfaucon († 1419). P. 609-648.

Le quatrième volume, contenant des statuts, vient de paraître, ainsi que la publication suivante relative à la Champagne : *Anciens usages à Sainct-Estienne et à Nostre Dame aux Nonnains*, douzième et treizième siècle. Troyes, Poignée.

_____

[1] Se trouvent également dans Giraud, vol. II, p. 418.

241. Chatel-Blanc.

La coutume de 1303 donnée à cette ville par Jean de Cabilon, seigneur d'Arles, se trouve en latin dans Giraud, ll., t. II, p. 419-424.

242. Charroux (en Poitou).

Les coutumes de Charroux publiées et annotées par M. de La Fontenelle de Vaudoré. Poitiers, 1843.

Ce travail, fait d'après les manuscrits de Dom Fonteneau, contient une traduction française et une introduction historique. Ces coutumes, dont le premier texte en latin est de 1177, l'autre en langue vulgaire de 1247, ont été réimprimées dans Giraud, ll., t. II, p. 399-405.

243. Chatillon-sur-Seine.

Les coutumes anciennes de la ville de Chatillon-sur-Seine, de 1371, avec un prologue en vers, ont été publiées par M. Ch. Giraud, *Droit fr. au moyen âge*, vol. II, p. 338-398, d'après les registres originaux déposés dans les archives de cette ville.

244. Flandre.

Les statuts et coutumes des villes de Gand, de Bruges, d'Ypres, de Dam, d'Ardenburg, de Termuyde, d'Ostende, de Furnes, de Nieuport, de Poperinghem, de Cassel, de Courtrai, d'Oudenaarde, de Renaix, d'Aelst, de Hulst, du pays de Waës, et de nombre d'autres villes et châtelainies de Flandre, forment les deuxième et troisième volumes de Warnkœnig, *Flandrische Staats-und Rechtsgeschichte*. Tübingen, 1836.

On y trouve également des détails intéressants sur les anciennes franchises et coutumes de Lille, de Seclin, de Douai et d'Orchies.

Le rapport intime qui existe entre les coutumes des villes flamandes, qu'elles aient fait ou non partie de la Flandre française, rend l'étude de toutes fort instructive pour la connaissance des coutumes de cette province.

245. Ile de France et Paris.

I. La Pratique ou le Livre de Guido.

Ce livre, dont le texte n'a point encore été retrouvé jusqu'à ce jour, se trouvait en manuscrit entre les mains de Charondas, qui dans ses Œuvres en a donné de nombreuses citations. D'après l'idée que s'en fit à tort Charondas [1], l'auteur aurait été Guido, évêque de Beauvais sous Philippe Ier (1060-1108), et par conséquent, l'œuvre de Guido serait la plus ancienne qui eût été composée sur le droit français. De Laurière [2] et Klimrath [3] ont mis à néant cette fable. Le Guy ou le Guido qui a composé ce livre n'est nullement l'évêque de Beauvais, mais serait, d'après de Laurière, un conseiller de saint Louis, du nom de Gui Foulques ou Foulcaud, devenu plus tard pape sous le nom de Clément IV et mort en 1268. L'ouvrage est, et par sa forme et par son contenu, d'un autre siècle, et il est aujourd'hui à peu près certain que ce n'était qu'un remaniement du *Livre de la Roine* [4] ou du *Conseil* de Pierre de Fontaine [5], à l'usage de l'Ile de France, avec une addition des coutumes particulières de Paris.

Cette appropriation d'un ouvrage de pratique générale à l'usage d'une province était assez fréquente; nous en avons déjà montré un exemple dans l'*Ancien coutumier d'Artois*, publié par Maillard [6], qui n'était qu'un remaniement semblable du *Conseil* de Pierre de Fontaine à l'usage spécial de l'Artois.

II. Ancienne coutume de Paris.

Quelques érudits ont voulu voir un témoignage de l'existence

---

[1] *Pandectes françaises*, l. I, ch. II, *in fine*.

[2] *Glossaire du droit français*, v° Fiefs francs et Loy outrée.

[3] *Mémoire sur les monuments inédits de l'histoire du droit français au moyen âge*, t. II, p. 35 et suiv. de ses Œuvres publ. par M. Warnkœnig.

[4] Voy. *infrà*, ch. IV, n° 265.

[5] Voy. *infrà*, ch. IV, n° 264.

[6] Voy. *suprà*, n° 227.

de la coutume de Paris dans la Décrétale de Célestin III de l'an 1195; tandis que d'autres [1] ont pensé que les Etablissements de saint Louis étaient une ancienne rédaction de cette même coutume. La science a fait aujourd'hui justice de ces suppositions. Ce n'est qu'au treizième siècle qu'on rencontre les premiers monuments certains de la coutume de Paris, dans les arrêts du Parlement, et dans un autre recueil judiciaire, les :

a. Sentences du parloier aux bourgeois, que M. Leroux de Lincy a publiées dans son :

b. Histoire de l'Hôtel-de-Ville de Paris. Paris, 1844, in-4°.

La plus ancienne sentence est de 1268, la dernière de 1325. Avant cette publication, on ne connaissait que des extraits de cette précieuse collection, imprimés dans la :

c. Dissertation sur l'Hôtel-de-Ville de Paris, par Le Roy; et à la suite du :

d. Livre des métiers d'Estienne Boileaue, publié par M. Depping dans la *Collection des documents inédits sur l'histoire de France.*

III. Les Coutumes tenues toutes notoires et jugées au Chastelet de Paris.

Recueil de 186 actes de notoriété concernant des usages ou coutumes de la prévôté et vicomté de Paris, depuis 1300 jusqu'en 1387, pour en prouver l'existence légale ; selon Brodeau, une des sources les plus abondantes d'où a été tirée la coutume de Paris, rédigée en 1510. Aussi le savant commentateur a-t-il fait imprimer ce recueil à la suite de sa *Coutume de Paris* commentée. Paris, 1658 et 1669, 2 vol. in-f°.

IV. Les Décisions de messire Jean Desmares.

L'auteur était conseiller et avocat du roi au Parlement sous

---

[1] Notamment Chopin, dans sa préface de la *Coutume réformée de Paris*, t. III, p. 414 de ses OEuvres en français. (Paris, 1662, 5 vol. in-fol.)

les rois Charles V et Charles VI ; il mourut en 1383. Ces Décisions sont un recueil de 422 arrêts, jugements et consultations. Brodeau les a fait imprimer à la suite des *Coutumes tenues toutes notoires*, « parce que, dit-il, elles contiennent les principaux articles de la Coutume de Paris, c'est-à-dire du droit commun et coutumier de la France. »

V. Les Olim ou Registres des arrêts rendus par la Cour du Roi [1].

Ce recueil des arrêts et enquêtes remonte à l'année 1254 et va jusqu'en 1318 ; il a été commencé par Jean de Montluc, principal greffier ou notaire de la cour du roi sous saint Louis, et non pas sous Philippe le Bel, comme le dit M. Dupin dans sa Notice, en suivant Montesquieu. Après que plusieurs savants eurent appelé l'attention sur ces précieux registres manuscrits, d'une si majeure importance pour la formation de la jurisprudence des treizième et quatorzième siècles, le gouvernement a chargé M. Beugnot de les publier dans la *Collection des documents inédits sur l'histoire de France*. Le premier volume, qui a paru en 1839, contient dans une savante préface l'histoire du Parlement de Paris et l'histoire littéraire des *Olim*, puis des arrêts

---

[1] On pourrait contester la place que nous avons donnée aux *Olim*, sous deux points de vue : 1° parce que les Olim ne sont pas un recueil de coutumes, mais un recueil d'arrêts et enquêtes ; 2° parce qu'ils n'appartiennent pas exclusivement à Paris, mais à toute la France, le Parlement de Paris ayant été la Cour souveraine du royaume. Nous répondrons à ces observations fort justes, que nous avons compris le mot *coutumier* dans sa signification la plus large, comprenant non-seulement les recueils de coutumes proprement dites, mais encore ceux des arrêts et enquêtes servant à établir les coutumes en usage. Quant à l'observation que les arrêts du Parlement de Paris concernaient tout le royaume, nous répondrons que ce n'est nullement pour restreindre la valeur de ces arrêts que nous avons placé les *Olim* parmi les coutumiers parisiens, mais à cause de la résidence de la cour, et parce que ces décisions ont eu une notable part dans la formation de la coutume de Paris.

6

et enquêtes de 1254 à 1273. Les trois volumes suivants, qui ont paru successivement jusqu'en 1848, donnent les arrêts, les enquêtes et les procès séparément. On y trouve également des préfaces historiques d'une grande valeur et quelques digressions sur des Cours de justice soumis au Parlement de Paris, tels que les *Grands jours de Troyes* et l'*Échiquier de Normandie*.

L'édition de M. Beugnot porte le titre qui suit :

a. Les Olim ou registres des arrêts rendus par la cour du roi ; publ. par M. Beugnot. Paris, 1839-1848, 4 vol. in-4°.

Parmi les auteurs qui, avant cette publication, ont écrit sur les anciens registres du Parlement, nous citerons :

b. Dupin, Notice à la suite de la Bibliothèque de droit, t. II, p. 708.

c. Taillandier, Notice sur les registres manuscrits du Parlement de Paris. Paris, 1835.

d. Klimrath, Mémoire sur les Olim et sur le Parlement. Paris et Strasbourg, 1837.

e. On peut y ajouter les articles que M. Pardessus a insérés dans le *Journal des Savants* (1840, p. 683, et 1841, p. 78), à l'occasion de la publication du premier volume de M. Beugnot.

A tous ces monuments relatifs à la jurisprudence de la ville et de la prévôté de Paris, avant la rédaction de la coutume, il faut encore ajouter :

VI. Bordier, Recueil de textes antérieurs au seizième siècle, relatifs aux coutumes de Paris et de l'Ile de France. Paris, Durand, 1845, in-8°.

Voir encore les détails bibliographiques donnés sur plusieurs manuscrits inconnus, par M. Giraud, dans son Introduction à l'*Interprétation des Institutes de Justinian par Etienne Pasquier* (voy. *suprà*, n° 39). Paris, 1847, p. XLVI, L, LI, et notes.

246. Lille.

Le Roisin, Franchises, ois et coutumes de la ville de Lille. Ancien manuscrit à l'usage du siége échevinal de cette ville, publié avec des notes et un glossaire, par Brun-Lavainne. Lille, Vanackere, 1843.

Legrand, dans ses *Coutumes et loïs des villes et des chas-tellenies du comté de Flandre*, etc., Cambray, 1719, 3 vol. in-fol., n'avait fait aucune mention du Roisin, appelé ainsi d'après son auteur, jurisconsulte du quinzième siècle.

247. Lorris.

La ville de Lorris, située dans le bailliage de Montargis, avait reçu en l'an 1155 une charte de Louis le Jeune [1], que Philippe Auguste confirma en 1187.

Cette charte fut l'origine des *Anciennes coutumes de Lorris*, appelées aussi *Coutumes de Montargis* et *Coutumes de Gâti-nais;* elles formaient le droit commun du Gâtinais, de la Beauce et de la Sologne, et étendaient leur autorité au sud de la Loire sur une partie considérable du Berry.

La première fois elles ont été publiées par :

a. Galland, Du franc-aleu et origines des droicts seigneuriaux. Paris, 1637, in-4°.

Ensuite dans :

b. Anciennes et nouvelles coutumes locales du Berri, et celles de Lorris commentées par La Thaumassière. Bourges et Paris, 1679, in-fol.

c. Le Recueil des Ordonnances des rois de France, vol. XI, p. 200.

d. Warnkœnig et Stein, *Französische Staats-und Rechts-geschichte* (voy. *suprà*, n° 40), vol. I, append., p. 34-37.

---

[1] Il est essentiel de relever ici une erreur répétée par la plupart des auteurs d'après Galland, qui attribue la plus ancienne charte de Lorris à Louis le Gros. Cette charte portant la date de 1155, c'est à son successeur Louis VII, dit le Jeune, que les habitants de Lorris durent cette franchise; ce prince étant devenu roi de France dès l'an 1137.

248. Malthay.

Les coutumes de la ville de Malthay, diocèse de Besançon, confirmées en 1306, se trouvent dans :

a. Perreciot, *De l'état civil des personnes et de la condition des terres dans les Gaules* (v. suprà, n° 18).

b. Ch. Giraud, *Droit franç. au moyen âge*, vol. II, p. 406-417.

249. Martel.

La coutume de Martel a été octroyée en 1219 par Raimond, vicomte de Turenne, avant son départ pour la Terre-Sainte. Le texte en langue latine se trouve dans :

a. L'*Histoire généalogique de la maison d'Auvergne et de Turenne*, par Justel. Paris, 1645, in-fol.

b. Giraud, *Droit français au moyen âge*, vol. I, Appendice, p. 80-83.

250. Marziac.

Les lettres de Philippe IV confirmant les coutumes et priviléges accordés à la ville de Marziac, 1298-1300, se trouvent dans le douzième volume des Ordonnances des rois de France, p. 341, et dans Warnkœnig et Stein, vol. I, Append., p. 46-52.

251. Méru.

La charte de Méru, petite ville du Beauvoisis, qui faisait à cette époque partie du comté de Beaumont-sur-Oise, fut octroyée en 1191 par Mathieu III, comte de Beaumont.

Ce document, tiré du *Trésor des chartes* (J. Cart., 740, n° 1), mérite une étude particulière tant à cause de son ancienneté que pour ses rapports avec les chartes de Chambli, de Beaumont et d'Asnières. M. Douët d'Arcq, dans la *Bibl. de l'École des chartes*, série B, t. 1, p. 58-75, a donné le texte de cette charte.

252. Montpellier.

Consuetudines et libertates ville Montispessulani.

Ces coutumes, confirmées par Pierre, roi d'Aragon, en 1204,

ont été publiées une première fois par Degrefeuille, *Histoire de Montpellier*, 1737-39, in-fol., sur des MMSS. incomplets et tronqués.

Une meilleure édition, avec la traduction provençale, a paru dans le *Thalamus parvus*, ou Petit *Thalamus* de Montpellier, publié d'après les manuscrits originaux par la Société archéologique de Montpellier, 1840, 1 vol. in-4°.

Enfin, une troisième édition revue et corrigée du texte original latin a été donnée par M. Ch. Giraud, II. vol. I, Appendice, p. 47-75, qui y a ajouté les coutumes de 1205, également en langue latine.

253. Mulhouse.

La coutume de cette ville, antérieure à 1302 (selon Grasshof), est publiée en texte vieux allemand dans :

a. Benj. Christ. Grasshofii, Commentatio de originibus atque antiquitatibus S. R. I. liberæ civitatis Mulbusæ Thuringorum, monumentis adhuc ineditis illustrata. Lipsiæ, 1749, in-4°, p. 231-259.

254. Nivernais.

Les anciennes coutumes de cette province ont été publiées dans les :

a. Archives de Nevers, par M. Duvivier. Nevers, 1842, 2 vol. in-8°.

Elles l'avaient déjà été il y a trois siècles, dans le :

b. Coutumier des pays de Nivernais et Donziois. Paris, 1518, in-8°, lettre gothique.

255. Normandie.

I. Etablissemens et coutumes de Normandie au treizième siècle.

Première rédaction des coutumes de Normandie.

II. Assises de Normandie au treizième siècle.

Recueil de 74 décisions des assises ou justices ordinaires,

tenues dans les années 1254, 1236 et 1237, à Caen, Bayeux, Orbes et Falaise.

III. Arrêts de l'Échiquier de Normandie au treizième siècle.

Registre d'arrêts rendus de 1207 à 1246 par la Cour suprême de Normandie, l'Échiquier, devenu depuis François Ier le Parlement de Normandie.

Ces trois monuments du treizième siècle ont été publiés par :

a. Marnier, *Etablissemens et coutumes, assises et arrêts de l'Échiquier de Normandie au treizième siècle*, d'après le MS. français n. F. 2, de la Bibl. Sainte-Geneviève. Paris, Techener, 1839.

IV. Grand Coutumier de Normandie.

Ce Coutumier, qui forme la troisième partie du *Livre la Roine* (voy. *infrà*, n° 265), fut composé sous saint Louis ¹ pour l'instruction de son fils Philippe le Hardi. Selon les uns, l'auteur en serait Pierre de Fontaine ; selon les autres, messire Robert le Norman et quelques autres conseillers de saint Louis. Quoique dénué d'aucune sanction authentique, ce coutumier a servi pendant trois siècles de base à la jurisprudence en Normandie. Il fait encore aujourd'hui, avec le Commentaire de Terrien, lieutenant général au bailliage de Dieppe, le fond de la législation des îles de Jersey et de Guernesey.

Le grand Coutumier de Normandie, dont il existe encore de nombreux manuscrits, a été imprimé en latin dans :

a. Ludewig, *Reliquiæ manuscriptorum omnis ævi diplomatum*. Halæ, 1722, 12 vol. in-8°, vol. VII.

Et en français, dans :

---

¹ M. Cauvet (*Revue de législ.*, juin 1847, p. 132, note 2) donne à ce Coutumier une date moins reculée, en l'attribuant au règne de Philippe le Hardi ou de Philippe le Bel. Ses motifs ne nous paraissent pas suffisants.

b. Le grand Coutumier de Normandie, avec la charte aux Normands, par Guillaume le Rouillé. Paris, 1534, in-fol. goth. Paris et Rouen, 1539, in-fol. gothique.

c. Bourdot de Richebourg, Coutumier general, Paris, 1724, 8 tom. in-fol. Tom. IV.

On peut encore consulter sur le grand Coutumier de Normandie :

d. Klimrath, Notice sur le Livre de la reine Blanche, à la suite de son *Mémoire sur les monuments inédits*, p. 22 et suiv.

e. Daviel, Sur l'origine de la coutume de Normandie. Caen, 1854.

f. Warnkœnig, *dans le* Kritische Zeitschrift für Rechtswissenschaft und Gesetzgebung des Auslandes, VII, 318; VIII, 311; XIII, 226.

256. Orléans.

Anciennes coutumes d'Orléans tiréz d'un livre en veslain écrit vers l'an 1260.

La Thaumassière, *Coutume du Beauvoisis*, p. 464 et suiv., en a imprimé le texte.

257. Picardie.

Ancien Coutumier de Picardie, MS. de la Bibliothèque nationale, n° 9822[3], d'un auteur inconnu appartenant au commencement du quatorzième siècle.

Klimrath[1] avait appelé l'attention des érudits sur ce monument; et M. Marnier en a fait la publication sous le titre :

a. Ancien Coutumier inédit de la Picardie, contenant les coutumes notoires, arrêts et ordonnances des Cours, assises et autres juridictions de Picardie, au commencement du quatorzième siècle. Paris, Durand, 1840.

La publication de M. Marnier contient une coutume de la ville

---

[1] *Œuvres*, édit. Warnkœnig, II, p. 51.

d'Amiens, à laquelle il assigne le commencement du quatorzième siècle. Cette même coutume a été imprimée dans les *Cou-*
tumes locales du bailliage d'Amiens (voir *suprà*, n° 223).
M. Bouthors lui donne la date antérieure de 1280.

258. Poitou.

Les anciennes coutumes de Poitou, dont M. Gaillard, avocat
général à Poitiers, a promis une nouvelle édition, ont été publiées dans le *Coutumier de Poitou*, *avec les ordonnances*
royaux, in-4° gothique, sans date ni nom d'imprimeur. Cette
édition a paru vers la fin du quinzième siècle, et la coutume
qu'elle contient est par conséquent antérieure à la rédaction officielle.

259. Provence.

Statuta domini Raymundi Berengarii, comitis Provinciæ.

Ces statuts et coutumes, en langue latine, appartiennent au
treizième siècle. Tirés d'un MS. du quatorzième siècle, ils ont
été publiés pour la première fois par M. Ch. Giraud, *Droit*
franç. au moyen âge, vol. II, p. 4-88.

260. Réole.

Consuetudines et jura monasterii Regulæ.

Les coutumes de La Réole ou La Reüle, qui datent de l'an
977, ont été publiées par M. Giraud, *Droit franç. au moyen*
âge, vol. II, p. 510-518.

261. Riom.

Libertates et consuetudines villæ Riomo concessæ ab
  Alphonso comite Pictavensi a. 1270, seu Ordinatio
  quæ Alphonsina dicitur.

Cette coutume se trouve dans :

a. La Thaumassière, Coutumes du Beauvoisis. Bourges et Paris, 1690, in-fol., p. 457.

b. Recueil des ordonnances des rois de France, vol. XI, p. 493.

c. Warnkœnig et Stein, Hist. du droit français, vol. I, append., p. 40 et suiv.

262. Saint-Dizier.

Toutlieu [1] de Saint-Disier de 1228.

Ce document contient les priviléges et coutumes de la ville d'Ypres en Flandre, concédés à Saint-Dizier en Champagne ; indiquant en même temps que la ville flamande resterait tribunal d'appel (*Oberhof*, comme disent les coutumes allemandes du moyen âge). Voir le texte dans les *Olim*, t. II, p. 692-833 (édit. Beugnot).

263. Senlis.

Il y a eu un vieux Coutumier de Senlis dès avant 1422, qui est nommé par Loysel [2], Chabrit [3] et Klimrath [4], d'après une citation faite dans le *Nouveau Coutumier général*, t. II, p. 709, note *a*.

Il est singulier qu'aucun de ces auteurs n'ait indiqué la publication de cette coutume conservée dans le procès-verbal de réformation de 1493, et dont on trouve le texte dans l'ouvrage suivant : *Esprit des coutumes du bailliage de Senlis, et les textes tant de la première compilation de ces coutumes et des ordonnances du bailliage de Senlis, faites en 1493, que des rédactions de 1506, et réformations de 1559, etc.*, par Pihan de Laforest. Paris, 1771, in-12.

---

[1] *Sic;* probablement *Tonlieu*, Teloneum.

[2] *Introduction au coutumier général*, tom. II, page 709, note *a*.

[3] *De la monarchie française ou de ses lois*, II, p. 164.

[4] *Mémoire sur les document inédits* (édit. Warnkœnig, II, p. 15).

CHAPITRE IV.

LIVRES DES PRATICIENS.

Lorsque Accurse résuma la glose de Bologne ; lorsque Bulgare (†1166) et Placentin (†1192) composèrent leurs Commentaires sur le titre *De regulis juris* ; lorsque le même Placentin et Azon (†1220) donnèrent la Somme des Instilutes et du Code ; lorsque Accurse († 1260) résuma la glose de l'école de Bologne ; ces docteurs, qui ressuscitèrent la pratique du droit romain, avaient devant eux des textes certains, des lois authentiques rassemblées dans des collections revêtues de l'autorité législative..La tâche des créateurs de la science du droit français ne fut pas aussi aisée ; point de lois, mais des coutumes, produit d'une première fusion indigeste des lois germaniques et romaines mêlées de droit canonique, et le tout enduit d'une nouvelle forme, celle de la féodalité.

Aussi, le premier [1] qui de son propre aveu [2] osa entreprendre de composer un ouvrage sur le droit français, Pierre de Fontaine, que le président Hénault a appelé avec raison « le plus ancien jurisconsulte de notre droit français », éprouva-t-il des difficultés énormes. C'est lui qui rompit la glace, pour être suivi par les Beaumanoir, les du Brueil, les Bouteillier, les Masuer, et d'autres jurisconsultes dont les ouvrages ont survécu, mais dont les noms ne sont point parvenus à notre siècle.

---

[1] Nous appelons Pierre de Fontaine le premier auteur sur le droit français, parce que ce Guido à qui l'on a fait écrire une *Pratique* sous Philippe Ier, est une fable ou une méprise. Voir ce que nous avons dit à cet égard, plus haut, n° 245, I.

[2] « Pour ce ke nus n'enprist onques mais devant moi ceste cose dont j'ai essamplaire. » Prologue du *Conseil à un amy*.

Quelques-unes de ces œuvres de praticiens ont déjà figuré dans le chapitre précédent ; ce sont celles qui, comme les travaux de Beaumanoir ou de Masuer, ont trait aux coutumes d'une ou de plusieurs provinces ; tandis que les ouvrages des jurisconsultes qui s'appliquent plutôt au droit français en général, et ne peuvent être rangés sous la rubrique d'une coutume distincte, forment l'objet du présent chapitre[1].

264. Le Conseil à un amy, de Pierre de Fontaine.

Pierre de Fontaine a été bailli de Vermandois et conseiller au Parlement sous Louis IX. Son livre, écrit sous la forme d'un conseil à un ami qui veut apprendre les lois, est la plus ancienne œuvre sur le droit français qui nous ait été conservée. Publié en 1253 et 1270, le *Conseil* eut un immense succès, puisqu'à la fin du treizième siècle il circulait déjà sous trois ou quatre titres différents, ou plutôt avait subi autant de remaniements. Son mérite consiste surtout à avoir été le premier traité de jurisprudence française à une époque où les Assises de Jérusalem, le livre de Philippe de Navare, celui de Britton, quoique antérieurs ou contemporains, mais publiés à l'étranger, étaient encore inconnus en France.

Cette œuvre, si prisée il y a quelques siècles, n'est en réalité qu'une compilation de lois romaines, auxquelles sont jointes quelques coutumes de France, de Champagne, de Normandie, de Picardie et d'Artois. Les dix premiers chapitres exposent la procédure féodale ; à partir du onzième, les matières sont coordonnées suivant l'ordre des Sommes du deuxième et troisième livre du Code Justinien, avec les textes du Digeste qui s'y rapportent.

[1] Inutile de rappeler que nous ne donnons que les livres ayant trait au droit privé. On cherchera donc vainement dans notre collection les vieux livres de droit qui traitent d'autres branches, le *Songe du Vergier*, par exemple, traité sur les limites du pouvoir séculier et du pouvoir spirituel, écrit sous une forme assez bizarre sous le règne et par instigation du roi Charles V. — Voir, sur ce livre, la notice de M. Laboulaye dans la *Revue de législation*, tome XIII, p. 5.

Ducange a le premier publié cet ouvrage à la suite de l'*His-toire de saint Louis*, par Joinville. Paris, 1668, in-fol. Il porte le titre suivant :

a. « Le conseil que Pierre de Fontaines donna à son ami, ou traité de l'ancienne jurisprudence des Français. »

Ducange avait suivi un MS. d'Amiens ; mais il en existe trois autres à la Bibliothèque nationale [1] et un quatrième à la bibliothèque de Troyes.

C'est d'après ce dernier surtout, et en consultant les autres, que M. Marnier a donné la meilleure et la plus récente édition, sous le titre :

b. « Conseil de Pierre de Fontaine, ou traité de l'ancienne jurisprudence française », publié d'après un MS. du treizième siècle appartenant à la bibliothèque de Troyes, avec notes explicatives du texte et des variantes tirées des MMSS. de la Bibliothèque royale. Paris, Durand, 1846, 1 vol. in-8.

Depuis la publication de M. Marnier, on a trouvé un nouveau manuscrit du *Conseil* aux archives de la mairie de Beauvais, dans un recueil intitulé : « Registre aux cinq clous », et renfermant plusieurs pièces, dont la première est une copie du *Conseil* portant le titre de « Coutumes de Vermandois ».

265. Le Livre de la Roine, ou Livre dédié à la reine Blanche.

Charondas [2], La Thaumassière [3], Maillard [4] et les auteurs de la *Bibliothèque des coutumes* [5] avaient parlé d'un livre de droit attribué au même Pierre de Fontaine, dédié à la reine Blanche, et connu sous le titre : *Li livres la reigne*, ou *Li livre de la reine Blanche*. Ducange [6] en parle également ; mais, comme

---

[1] Nᵒˢ 7426, 406 (Supplément) ; 432 (Harlay) ; 7450 ⁵⁵ et 9822.

[2] *Pandectes françaises*, livre I, ch. II, *in fine*.

[3] *Notes sur Beaumanoir*.

[4] *Notes sur la coutume d'Artois*.

[5] Berroyer et Laurière, p. 52.

[6] Dans son édition du *Conseil* de Pierre de Fontaine.

les auteurs que nous venons de citer, il ne connaissait point par lui-même cet ouvrage. C'est à Chopin [1], Pithou [2] et Galland [3] qu'il faut recourir pour avoir une notion quelque peu plus précise ; car ces trois jurisconsultes, ainsi que Brodeau [4], ont donné dans leurs ouvrages des extraits de ce fameux livre qui a fait si longtemps le désespoir de nos antiquaires. Enfin, Klimrath, guidé par les indications de Brodeau, a découvert, à la Bibliothèque nationale, le MS. 9822, intitulé : *Le Livre la Roine*, appartenant au treizième siècle, écrit sur vélin, en belle gothique, à deux colonnes, et formant un petit volume in-folio, relié en cuir rouge, aux armes de France, avec le chiffre du roi Charles IX.

Le premier livre du manuscrit commence ainsi : « Ci commence li livres des usages et des coustumes de France et de Vermendois selonc court laie. Et fut fez por une roine de France très gentil et très noble. Et le fist à sa requeste li plus sages homes qui a son tans vesquist selonc les lois. Et por ce est il appelez li livre de la Roine. »

L'ouvrage contient quatre parties distinctes : 1° le conseil de Pierre de Fontaine ; 2° le troisième livre des Institutes, avec des intercalations du Digeste ; 3° le grand coutumier de Normandie ; 4° le quatrième livre des Institutes, avec de nombreuses intercalations du Digeste.

Une notice intéressante sur le *Livre de la reine Blanche*, par Klimrath, se trouve à la suite de son *Mémoire sur les monuments inédits*, etc., t. II, page 22 de ses OEuvres, publiées par M. Warnkœnig.

266. Les Establissements de saint Louis.

Aucun monument de notre ancien droit n'a donné lieu à autant de controverse. Aujourd'hui encore les opinions ne sont

---

[1] *De sacra politia*, III, 4, n° 15 ; *De domanio*, I, 10, § 9, et dans une foule d'endroits de ses notes sur la coutume de Paris.

[2] *Opera*. Paris, 1609, in-4°, p. 507.

[3] *Traité du franc-aleu*, p. 88 et 90.

[4] *Commentaire sur la coutume de Paris*, passim.

pas entièrement d'accord sur son origine; car quoique l'ancienne croyance que ce fut un Code composé et promulgué par
le roi Louis IX soit aujourd'hui entièrement abandonnée, le
monde savant est encore divisé. Les uns considèrent les Établissements comme une codification des coutumes de l'Ile-de-
France, de l'Orléanais, de la Touraine, de l'Anjou et du Maine,
faite par ordre de saint Louis, qui ne put lui donner la sanction royale, parce qu'il mourut devant Tunis au moment où
le travail se terminait. D'autres n'y voient qu'un de ces livres
destinés à la pratique judiciaire, rédigé par quelque praticien
après la mort de ce prince, et mis sous le nom du saint roi; patronage qui valut à ce coutumier la faveur immense qu'il obtint
dans les pays dépendant directement de la couronne de France.

Ce livre a du reste servi de modèle et de fond à divers autres
coutumiers.

Les Etablissements ont été publiés par Du Cange dans la
troisième partie de l'*Histoire de saint Louis*, par Joinville,
Paris, 1668; et par de Laurière, dans le premier volume des
Ordonnances des rois de France.

Voir sur les Establissements :

a. Beugnot, Essai sur les institutions de saint Louis. Paris,
1822;

b. Mignet, De la féodalité, des institutions de saint Louis et de
la législation de ce prince. Paris, 1822;

c. Dupin, Notice bibliographique, à la suite de la Bibliothèque
de droit, t. II, page 686-702 ;

d. Warnkœnig, Franz. Staats-und Rechtsgeschichte , vol. II,
page 47.

267. Les Estatu dou royaume de France et de la cité de
Paris.

Ce coutumier n'est parvenu jusqu'à nous que par les citations et les extraits que Chopin en a donnés dans son *Com-*

mentaire sur la coutume d'Anjou. Il paraît avoir été un remaniement des Establissements de saint Louis [1].

268. Les anciennes Constitutions du Chastelet de Paris.

Ce livre de pratique, sans date, qui a vu le jour sur la limite
des treizième et quatorzième siècles, a été publié, en 84 articles,
par de Laurière, à la suite du texte des *Coutumes de la prévôté
de Paris.* Paris, 1699, vol. in-12, et Paris, 1777, 3 vol. in-12.
Ces constitutions traitent principalement de la procédure civile
et criminelle. De Laurière nous apprend avoir tiré les Constitutions du Châtelet d'un MS. de la bibliothèque de M. Hautin ;
on n'a pas encore trouvé la trace du MS. de ce recueil.

269. Le grand Coustumier de France.

Ce livre est appelé vulgairement le *Coutumier de Charles VI,*
parce que son auteur inconnu a vécu, selon toute apparence,
sous le règne de ce prince. Ce recueil fort rare, et dont on
avait longtemps nié l'existence, a cependant huit éditions imprimées, dont sept de 1515 à 1539, en lettres gothiques. La
huitième, en lettres romaines, 1598, in-4°, a été publiée, avec
des notes, par Charondas; c'est l'édition citée par de Laurière.
Néanmoins ce livre est fort rare ; aussi M. Ed. Laboulaye
s'occupe-t-il d'en donner une nouvelle édition [2].

Le *Grand Coustumier,* que son auteur dit modestement « avoir
faist et compillé pour instruire et endoctriner les jeunes hommes
qui vouldront avoir congnoissance du faict et instruction de
praticque... », est composé de quatre livres. Le premier contient un choix d'ordonnances concernant l'organisation judiciaire et la police ; le deuxième est relatif au droit civil ; le

---

[1] Voir la notice de Klimrath à la suite de son *Mémoire sur les
monuments inédits,* p. 42 s.

[2] On peut rassembler quelques détails sur ce livre de droit peu
connu, dans la notice de M. Dupin, à la suite de sa *Bibliothèque de
droit,* II, p. 714 ; dans la liste des auteurs, p. 85, qui se trouve
dans l'édition des *Institutes coutumières de Loysel,* par MM. Dupin
et Laboulaye, Paris, 1846 ; enfin, dans une note de M. Bordier, in-
sérée dans la *Bibliothèque de l'École des chartes,* série B, t. V, p. 45.

troisième, à la procédure ; le quatrième, enfin, traite des conflits de juridiction et de jurisprudence criminelle.

270. Le Livre de justice et de plet.

Ce manuscrit de la Bibliothèque nationale (Lancelot, 70) vient d'être imprimé pour la première fois sous le titre :

a. *Li livres de jostice et de plet*, par M. Rapetti ; avec un glossaire des mots hors d'usage, par P. Chabaille. Firmin Didot, 1850 [1].

Ce coutumier, qui date de la fin du treizième siècle (M. Rapetti en fixe la date de 1260 à 1270), a suivi, dans la distribution des matières, l'ordre du Digeste, mais il contient aussi de nombreux emprunts au droit canonique et au droit coutumier.

Ces trois éléments concourent entre eux dans les proportions suivantes. Sur 332 titres dont se compose le *Livre de jostice et de plet*, 195 sont une libre traduction des Pandectes ; 96 titres offrent des dispositions du droit coutumier, et presque toujours, quand il est question de coutumes locales, on cite celles du pays d'Orléans, ce qui indiquerait ou la patrie de l'auteur du livre, ou du moins la province à l'usage de laquelle il l'a composé. Trente et un titres ont été compilés à l'aide d'une reproduction des décrétales de Grégoire IX ; enfin, vingt titres seuls ont un semblant de dispositions non empruntées [2].

271. Le grand Coustumier de practique civil et canon, de Jean Bouteillier, vulgairement appelé *la Somme rurale*.

L'auteur, d'abord praticien à Tournay, puis conseiller au Parlement de Paris, avait composé ce livre pendant ses loisirs à la campagne, d'où son nom de *Somme rurale*.

---

[1] Cette publication fait partie de la *Collection des documents inédits sur l'hist. de France*.

[2] Voyez, sur ce livre, la notice de Klimrath (OEuvres, édition Warnkœnig, II, p. 42), et la préface dont M. Rapetti a fait précéder son édition.

Cet ouvrage appartient nécessairement à la seconde moitié du quatorzième siècle, puisqu'il est constant aujourd'hui que l'auteur est né, vers 1344, à Mortagne, et mort peu après 1402, date de son testament[1]. Fournel[2] se trompe en disant que la *Somme rurale* avait déjà paru en 1360 ; Klimrath[3], au contraire, assigne une date trop tardive, en attribuant la *Somme rurale* au quinzième siècle.

Les premières éditions de cet ouvrage ont été imprimées à Bruges, en 1479 ; à Abbeville, en 1486, et à Paris, en 1488. En 1483, il en parut à Delft, en Hollande, une traduction en langue flamande. Voir sur les éditions postérieures, dans les Pays-Bas, où l'ouvrage de Bouteillier, appelé *Bottelgier*, a joui d'une grande autorité, et en France : De Britz, *Mémoire sur l'ancien droit belgique*, t. I, page 42 et notes.

L'édition française la plus connue aujourd'hui est celle de *Charondas le Caron*, de 1611.

Une excellente notice sur Jean Bouteillier et son ouvrage a paru dans la *Bibliothèque de l'École des chartes*, série B, t. IV, p. 89 et suiv.

272. Stylus Curiæ Parlamenti, auctore Guillelmo de Brolio, in suprema Parisiensi Curia advocato.

Ce livre contient les usages et les formes du Parlement de Paris, tels qu'ils étaient pratiqués du temps de du Brueil. C'est le premier traité de procédure qui ait été composé par un jurisconsulte français ; rédigé vers 1330, ce traité est resté constamment populaire parmi les praticiens, jusqu'à la fin du seizième siècle. *Aufrère*, professeur et conseiller au Parlement de Toulouse, publia, en 1495, des notes et observations sur le *Style* de du Brueil, en y joignant les décisions de la juridiction archiépiscopale de Toulouse. Le manuel de du Brueil, imprimé une première fois par Galiot-du-Pré (Paris, 1515, en caractères

---

[1] V. de Britz, *Mémoire sur l'ancien droit belgique*, I, p. 40, note 2.

[2] *Histoire des avocats*, I, p. 339.

[3] *Mémoire sur les monuments inédits*, p. 18.

gothiques), a été publié une seconde fois par Dumoulin, dans le second volume de ses Œuvres ; Paris, 1681, 5 vol. in-fol.

Il y a à la Bibliothèque nationale plusieurs MMSS. du *Style* de du Brueil ; ce sont les MMSS. latins 4641 A et B, 4642, 4643, 4644 et suppl. lat., n° 90. Il existe également une traduction française en 1 vol. in-fol. du *Style* [1].

273. Ancien Style ou Stile du Châtelet.

Cet ouvrage, d'un auteur aujourd'hui inconnu, a été imprimé vers le commencement du seizième siècle, mais composé à une époque beaucoup antérieure. La Bibliothèque nationale en possède deux MMSS., dont l'un est plus, et l'autre moins complet que l'édition imprimée [2].

Il y a, du reste, deux autres ouvrages encore manuscrits, plus étendus que le précédent, composés vers le quatorzième siècle, et portant également le nom de *Stile du Châtelet*. Ils se trouvent à la Bibliothèque nationale [3], et, d'après M. Pardessus, ce seraient deux compositions d'auteurs différents, quoique faites d'après un fond commun, soit traditionnel, soit déjà rédigé ; car on y trouve bon nombre de passages identiques. Chopin [4] et de Laurière [5] ont cité quelques fragments du premier de ces MMSS.

---

[1] Voir, sur Guillaume du Brueil, une notice de M. Bordier, dans la *Bibliothèque de l'École des chartes*, série A, t. III, p. 47 et suiv.

[2] Fonds Saint-Germain (Harlay), n° 415, *ad finem ;* fonds Saint-Victor, 269, fol. 180 et 185.— On en trouve aussi un MS. au fol. 162 recto du MS. 2794 de la Bibl. Ottobonienne, à Rome.

[3] Le premier *Stile*, celui qui a la rédaction la plus ancienne, se trouve ancien fonds, n° 9389 ; fonds Saint-Germain (Harlay), n° 415. Il se trouve aussi à la Bibl. Ottobonienne, n° 2794. — Le second *Stile* est à la Bibl. nationale, Supplém. français, n° 325.

Klimrath a également indiqué un MS. 348 de la Bibl. nationale, qu'il supposait être l'Ancien Stile du Châtelet. Voir son *Mémoire sur les monum. inédits* (éd. Warnkœnig), p. 19, note 2.

[4] *De morib. Parisiensium*, p. 41, 103.

[5] *Instit. de Loysel*, liv. I, tit. I, 14 ; *Cout. de la prévôté de Paris* (éd. 1777), t. I, p. 9 et 22.

Le nom de *Stile* a été depuis fréquemment appliqué aux traités ou livres didactiques sur la pratique judiciaire. Nous possédons dans notre Bibliothèque privée un volume publié par Lazare du Crot, avocat au Parlement (Paris, chez Julian Jacquin, 1644), qui contient cinq différents stiles : celui du conseil privé du roi, celui de la Cour de Parlement, celui de la Cour des aydes, celui des requêtes du Palais et celui du Chastelet de Paris. Cet ouvrage est dédié à messire Nicolas Brullard, seigneur de Sillery, chancelier de France.

L'influence des stiles sur la formation des praticiens a été très-grande, et il en existait dans un grand nombre de provinces. Quoique imprimés et remaniés après la rédaction officielle des coutumes, il est évident, pour le plus grand nombre, qu'ils avaient été rédigés primitivement à une époque antérieure [1].

[1] Voir, sur l'ancien Style de Normandie, MS. du quinzième siècle, Marnier, dans la *Revue de législation*, mai 1844, p. 44 et suiv.

CHAPITRE V.

ORDONNANCES DES ROIS DE FRANCE.

Les ordonnances des rois de la troisième race forment la suite des capitulaires des dynasties mérovingienne et carlovingienne. Le dernier capitulaire est de 921 ; la première ordonnance des Capétiens est de 1057, et émane de Henri I.

On croit que Guillaume du Brueil, l'auteur de l'*Ancien style du Parlement*, a été le premier à recueillir en un corps les ordonnances, et qu'il aurait rassemblé, vers 1515, les ordonnances de saint Louis, Philippe III, Philippe IV et Louis X ; ce fait, affirmé par les autorités les plus graves, a cependant été révoqué en doute de nos jours[1].

D'autres, plus tard, ont tenté de semblables essais, notamment Rebuffi, de La Roche Maillet, Blanchard et Néron. Ces travaux nous sont parvenus sous les titres suivants :

274. Les Edits et Ordonnances des rois de France depuis l'an 1226 jusqu'à présent, disposés par ordre de matière, avec les annotations de Pierre de Rebuffi. Lyon, 1573, éd. franç., et 1580, éd. latine, in-fol.

275. Les Edits et Ordonnances des rois de France, depuis Louis le Gros, l'an 1108, jusqu'au roi Henri IV, par Fontanon. Nouvelle édit. revue et augmentée par de La Roche-Maillet. Paris, 1644, 3 vol. in-fol.

276. Conférence des ordonnances royales, avec annotations, par P. Guesnois. Paris, 1660, 1678, 3 vol. in-fol.

---

[1] Henri Bordier, *Notice sur Guillaume du Brueil*, dans la *Bibliothèque de l'École des chartes*, série A, III, p. 59.

277. Code du roi Henri III, rédigé par écrit par Barnabé Brisson, président au Parlement, avec les annotations de Charondas le Caron. 1603, in-fol.

278. Le Code du roi Henri IV, recueilli par Thomas Cormier. Rouen, 1615, in-4°.

279. Le Code de Louis XIII, contenant les ordonnances et arrêts, etc., commentés et confirmés avec ceux de Henri IV et des rois ses prédécesseurs, par J. Corbin. Paris, 1628, in-fol.

280. Table chronologique contenant un recueil en abrégé des ordonnances, édits, déclarations et lettres-patentes des rois de France, qui concernent la justice, la police et les finances, depuis l'année 1115 jusqu'à présent, par Guillaume Blanchard, avocat au Parlement. Paris, 1687, in-4ⁿ.

281. Compilation chronologique des ordonnances des rois de France, par le même. Paris, 1715, 2 vol. in-fol.

Tous ces travaux ont été effacés par le célèbre recueil connu sous le nom de :

282. Ordonnances du Louvre, collection officielle des ordonnances des rois de France de la troisième race, recueillies par ordre chronologique. Paris, Imprimerie royale.

Entreprise et commencée par Loger, Berroyer et de Laurière, le premier volume parut en 1723 par les soins du dernier, Loyer étant mort et Berroyer s'étant retiré de la collaboration. De Laurière étant mort pendant l'impression du second volume, cette grande œuvre fut poursuivie et dirigée depuis par Secousse, Villevault, Bréquigny, Camus, Pastoret et Pardessus ; elle a atteint en ce moment son XXIᵉ volume [1], allant jusqu'en novembre

---

[1] Rapport de M. Walckenaër, du 9 janvier 1852, sur les travaux et commissions de l'Acad. des inscriptions, pendant le deuxième

1514. Les préfaces de la plupart des volumes forment des dissertations savantes sur diverses matières de l'ancien droit français. Celle du dernier volume, édité par M. Pardessus, forme
un véritable traité historique sur l'organisation judiciaire depuis
Hugues Capet jusqu'à Louis XII. L'auteur vient de la publier
en un volume séparé, sous le titre de : *Essai historique sur
l'organisation judiciaire et l'administration de la justice depuis Hugues Capet jusqu'à Louis XII.* 1 vol. in-8°. Paris,
Aug. Durand, 1851.

M. Pardessus met en ce moment sous presse :

283. Supplément des Ordonnances de la troisième race,
vol. Ier, allant jusqu'au règne de Louis VII.

Le même savant académicien a publié une :

284. Table chronologique des Ordonnances des rois de
France de la troisième race, jusqu'au règne de Louis XII
inclusivement. Paris, Imprimerie royale, 1847, in-fol.

Pour les ordonnances depuis François Ier jusqu'à Louis XIV,
non encore comprises dans la collection du Louvre, on les trouve
dans le :

285. Recueil d'édits et ordonnances royaux de P. Néron
et Etienne Girard ; augmenté d'un très-grand nombre
d'ordonnances et de quantité de notes, conférences et
commentaires, par De Laurière et De Ferrière. Paris,
1720, 2 vol. in-fol.

semestre de 1851. — Rapport de M. Naudet, du 14 janvier 1853,
sur les travaux du deuxième semestre de 1852.

FIN.

TABLE DES MATIÈRES.

TYP. HENNUYER, RUE DU BOULEVARD, 7. BATIGNOLLES.
(Boulevard extérieur de Paris.)

Ouvrages du même auteur.

SPECIMEN JURIDICUM INAUGURALE DE JURIS CRIMINIS
PLACITO : «Nullum delictum, nulla pœna sine prævia pœnali.»—
Amstelodami, 1835. Prix, 2 fr.

ESSAI SUR LA LÉGISLATION DES PEUPLES ANCIENS ET
MODERNES relative aux enfants nés hors mariage, suivi de
quelques observations d'économie sociale sur le même sujet. —
Paris, Joubert, 1843. Prix, 2 fr. 25.

ÉTUDES HISTORIQUES SUR LE DÉVELOPPEMENT DE LA
SOCIÉTÉ HUMAINE.— L'ACHAT DES FEMMES.— LA VENGEANCE ET
LES COMPOSITIONS.— LE SERMENT, LES ORDALIES ET LE DUEL JUDI-
CIAIRE.—Paris, A. Durand, 1850. Prix, 3 fr.

HISTOIRE DE L'ORGANISATION DE LA FAMILLE EN FRANCE
DEPUIS LES TEMPS LES PLUS RECULÉS JUSQU'A NOS JOURS (Mémoire
couronné par l'Institut).—Paris, A. Durand, 1851.

TYPOGRAPHIE HENNUYER, RUE DU BOULEVARD, 7, BATIGNOLLES.
Boulevard extérieur de Paris.

www.ingramcontent.com/pod-product-compliance
Lightning Source LLC
Chambersburg PA
CBHW071902200326
41519CB00016B/4490